제갈량 심서

21세기 시선으로 읽는 동양고전

제갈량 심서

心書

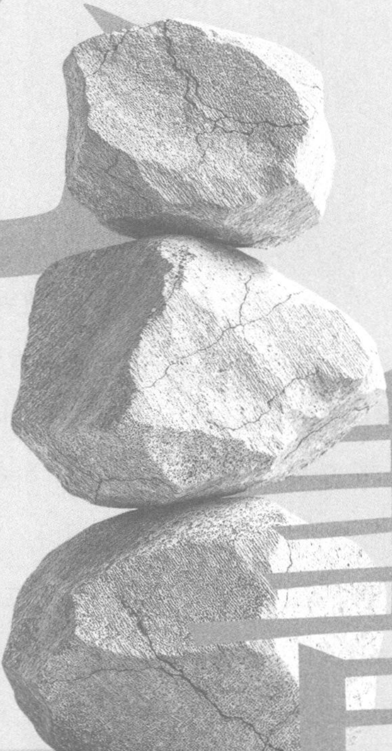

청년정신

| 프롤로그 |

왜 지금, 다시 제갈량인가?

사람의 마음을 읽고, 세상을 꿰뚫어 보았던 지혜의 전략가, 제갈량! 그가 남긴 심오한 가르침은 비단 2천 년 전 전장에서만 유효한 것이 아닙니다. 그의 지혜는 복잡하고 빠르게 변하는 현대사회를 살아가면서, 때로는 차가운 현실의 벽 앞에서, 때로는 관계의 미로 속에서 길을 잃은 우리에게도 따뜻한 등불이 되어 줄 수 있습니다.

우리는 왜 지금, 다시 제갈량을 읽어야 할까요? 그의 사상은 단순히 '이기는 법'을 말하지 않습니다. 자신을 다스리고, 사람의 마음을 얻으며, 상황의 본질을 꿰뚫어 보는 지혜를 가르쳐 주죠. 병법兵法이라는 그릇에 담긴 그의 깊은 사색은, 우리 삶의 다양한 '전장'에서 흔들리지 않는 중심을 잡는 힘을 길러줄 것입니다.

이 책은 제갈량의 지혜를 현대적인 시각으로 재해석하여, 오늘을 살아가는 우리들의 고민에 대한 해답을 찾도록 돕는 길잡이입니다.

리더의 권위, 인재를 알아보는 눈, 팀을 하나로 만드는 힘, 그리고 위기를 기회로 바꾸는 지혜까지, 총 46가지 가르침을 통해 우리의 삶을 더욱 단단하게 만들고, '삶의 전장'에서 승리할 수 있는 힘을 길러줄 것입니다.

차례

프롤로그 왜 지금, 다시 제갈량인가?　　　　　　　　　　　004

CHAPTER 1 리더의 본질과 권위

兵機 병기 ── 권위, 그 무거운 날개에 대하여　　　012
逐惡 축악 ── 악을 쫓아내라　　　016
知人 지인 ── 사람됨을 아는 길　　　021
將器 장기 ── 리더의 그릇됨　　　026
將驕 장교 ── 리더가 경계해야 할 교만과 인색함　　　031
將强 장강 ── 리더의 다섯 가지 강점과 여덟 가지 단점　　　035
自勉 자면 ── 자신을 경계하는 리더의 덕목　　　041

CHAPTER 2 리더의 자질과 성장

將才 장재 ── 리더의 다섯 가지 재목　　　048
將才 장재 ── 네 가지 자질　　　053
將善 장선 ── 리더가 갖춰야 할 지식과 욕구　　　057
將志 장지 ── 리더의 흔들리지 않는 뜻　　　062
將剛 장강 ── 강함과 부드러움　　　066
出師 출사 ── 리더의 임무와 마음가짐　　　070
智用 지용 ── 지혜로운 리더의 조건　　　075
將試 장시 ── 리더의 덕목과 시험　　　079

CHAPTER 3 조직과 관계의 운영

將弊 장폐 —— 리더가 경계해야 할 여덟 가지 해악　　　088

軍蠹 군두 —— 조직을 좀먹는 아홉 가지 해충　　　092

和人 화인 —— 인화人和의 중요성　　　097

勵士 려사 —— 부하를 격려하는 다섯 가지 방법　　　102

聞哀死 문애사 —— 부하의 슬픔을 함께하는 리더　　　107

整師 정사 —— 조직 정비의 중요성　　　111

CHAPTER 4 전략과 판단의 지혜

不陣 부진 —— 진정한 승리는 싸우지 않는 데 있다　　　118

戒備 계비 —— 위기를 대비하는 지혜　　　124

習練 습련 —— 꾸준한 훈련과 준비의 힘　　　129

謹候 근후 —— 신중하고 치밀한 리더십의 원칙　　　134

機形 기형 —— 기회를 포착하는 지혜　　　140

重刑 중형 —— 엄격함과 위엄의 리더십　　　144

蠹將 두장 —— 무능한 리더의 네 가지 특징　　　149

審因 심인 —— 원인을 살피는 지혜　　　154

天下 천하 —— 성공을 위한 세 가지 형세　　　158

勝敗 승패 —— 승리와 패배의 징조　　　163

假權 가권 —— 권한 위임의 중요성　　　168

CHAPTER 5 인재와 참모 활용

擇材 택재 ── 인재를 가려 쓰는 법　　　　　176
腹心 복심 ── 리더의 핵심 참모　　　　　　181
三賓 삼빈 ── 세 종류의 참모를 활용하라　　186

CHAPTER 6 전장의 기술과 응변

沒應 몰응 ── 침착하게 위기에 대처하는 지혜　　194
使利 사리 ── 유리한 조건을 활용하는 지혜　　　199
應機 응기 ── 기미機微를 포착하는 지혜　　　　203
應能 응능 ── 나의 능함에 응변하는 지혜　　　　208
輕戰 경전 ── 철저한 준비로 싸움을 쉽게 하라　213
地勢 지세 ── 환경을 읽는 지혜　　　　　　　　218
情勢 정세 ── 적의 약점을 꿰뚫어 보는 지혜　　223
擊勢 격세 ── 공격해야 할 때와 피해야 할 때　　228
戰道 전도 ── 환경에 따른 싸움의 기술　　　　　233
察情 찰정 ── 적의 심리를 읽는 통찰　　　　　　239
將情 장정 ── 리더의 진심과 희생　　　　　　　245
威令 위령 ── 위엄과 명령의 힘　　　　　　　　250

에필로그　　　　　　　　　　　　　　　　　255

제갈량의 사상은
단순히 '이기는 법'을 말하지 않는다.
자신을 다스리고, 사람의 마음을 얻으며,
상황의 본질을 꿰뚫어 보는 지혜를 가르친다.
병법이라는 그릇에 담긴 그의 깊은 사색은,
우리 삶의 다양한 '전장'에서
흔들리지 않는 중심을 잡는 힘을
길러줄 것이다.

CHAPTER 1

리더의 본질과 권위

권위는 무게다

리더십은 단순한 지시가 아니라
존재 그 자체에서 흘러나오는 무게다.
제갈량은 권위의 본질을 "맹호에 날개를 단 것"이라 표현했다.
강력하지만 위험을 품고 있는 힘, 그것을 어떻게 다루느냐에 따라
리더는 조직을 살릴 수도, 망칠 수도 있다.
이 주제에서는 리더의 권위, 그릇됨, 경계해야 할 악과 교만,
그리고 자기 성찰의 중요성을 이야기한다.
리더의 본질을 꿰뚫어 보는 여정의 시작이다.

兵機 병기
권위, 그 무거운 날개에 대하여

夫兵權者 三軍之司命, 主將之威勢.
부병권자 삼군지사명, 주장지위세.

將能執兵之權 操兵之勢 而臨群下 譬如猛虎 加之羽翼, 而翶翔四海.
隨所遇而施之.
장능집병지권 조병지세 이림군하 비여맹호 가지우익, 이고상사해. 수소우이시지.

若將失權 不操其勢 亦如魚龍 脫於江湖
欲求游洋之勢 奔濤戲浪 何可得也.
약장실권 불조기세 역여어룡 탈어강호 욕구유양지세 분도희랑 하가득야.

"무릇 병권兵權이라는 것은 삼군三軍의 명을 맡고,
주장의 위세威勢를 주장하는 것이다.
장수가 병권을 잡아 군사의 위세를 가지고
많은 부하 앞에 임臨하면 이는 마치 맹호(맹호)에게 날개를 달아줘
사해四海를 나는 것에 비유된다.
만나는 곳에 따라 병권과 위세를 마음껏 펼칠 수 있다.
만약 장수가 그 권능權能을 잃어 그 위세를 잡지 못하면
이는 마치 물고기와 용이 강과 호수에서 벗어난 것과 같아서

넓은 바다에서 놀던 세력을 구하고자 하나,
파도를 자유롭게 타고 달리며 물결을 가지고 놀고자 해도
어찌 그것을 얻을 수 있겠는가."

현대적 의미
높이 날 수 있게 하지만 무겁게 책임져야 할 날개

권위와 권한은 리더의 생명과 같다. 여기서 '병권'은 단순히 군대를 움직이는 힘을 넘어, 한 조직이나 공동체에서 리더가 행사하는 권위와 권한을 의미한다. 조직의 방향을 결정하고, 구성원들을 이끌고, 문제를 해결하는 모든 힘이 바로 여기에 담겨 있다.

이 권위가 무너지면, 리더는 더는 리더의 역할을 할 수 없게 된다. 자신의 역할과 권위를 명확히 할 때, 비로소 영향력을 발휘할 수 있다. 리더가 자신의 권한을 확고히 하고, 그에 따른 책임감과 통찰력을 바탕으로 조직을 이끌 때, 그의 리더십은 강력한 날개를 단 호랑이와 같다. 거침없이 나아가며, 어떤 상황에 부딪히더라도 능동적으로 대처하고 원하는 바를 이루는 힘을 얻게 되는 것이다.

이는 단순히 힘을 과시하는 것이 아니라 구성원들의 신뢰를 바탕으로 한 정당한 영향력을 의미한다. 반대로 자신의 권위를 잃는 것은 물고기가 물을 벗어난 것과 같다.

아무리 노력해도 원하는 결과를 얻기 어렵고, 결국 무력해질 수밖에 없다.

리더십은 단순한 직책이 아니라 존재에서 흘러나오는 무게이다. 제갈량은 권위의 본질을 덕과 절제에서 찾으며, 교만과 독선이 리더를 무너뜨리는 가장 큰 위험임을 경고한다. 진정한 리더는 자신을 다스릴 줄 아는 사람이라는 것이다.

제갈량은 칼보다 날카로운 권위를 지녔다. 그의 말 한마디는 군을 움직였고, 그의 침묵조차 무게를 가졌다. 하지만 그는 권위를 힘으로 휘두르지 않았다. 덕으로 다스리고, 절제로 지켰다.

오늘날 우리는 리더의 권위가 흔들리는 시대를 살고 있다. 직책은 있지만 존경은 없고, 명령은 있지만 따르는 이가 없다. 그렇기에 지금, 다시 제갈량을 읽어야 한다.
제갈량은 말한다.
"장수는 위엄이 있어야 하며, 위엄은 덕에서 비롯된다."

권위는 날개다. 높이 날게 하지만 무겁게 책임져야 하는 날개.

나의 워크시트
나의 '병기兵機'는 무엇인가?

제갈량의 가르침을 통해, 우리는 리더의 권위가 얼마나 중요한지 배웠다. 이제 이 지혜를 우리 삶에 적용해 볼 시간이다.

생각해 보기

- 당신은 지금 어떤 조직(가족, 회사, 모임 등)에서 어떤 역할을 맡고 있는가? 그 역할에 따른 당신의 '권위와 권한'은 무엇인가?
- 당신의 권위를 잃게 했던 경험이 있다면, 왜 그랬을까? 그 권위가 무너지면서 어떤 문제가 발생했는가?
- 맹호에 날개를 단 것처럼, 당신이 가진 강점과 영향력으로 이루고 싶은 목표는 무엇인가?

실천 과제

- 이번 주 안에, 당신이 속한 조직에서 나의 역할과 권한을 명확하게 정리해 보자. 그리고 그 권한을 긍정적인 방향으로 활용할 수 있는 구체적인 방법을 하나라도 실천해 보자. (예: 회의에서 의견을 더 적극적으로 제시하기, 팀원에게 명확한 피드백 전달하기 등.)
- 일주일 동안, 나의 말과 행동이 타인에게 어떤 영향을 미치는지 관찰해 보자. 당신의 권위가 긍정적으로 작용하고 있는지, 아니면 부정적인 방향으로 흐르고 있지는 않은지 점검해 보자.

逐惡 축악
악을 쫓아내라

夫軍國之弊 有五害焉, 一曰 結黨相連 毀讒賢良.
부군국지폐 유오해언, 일왈 결당상연 훼참현량.

二曰 侈其衣服 異其冠帶, 三曰 虛誇妖術 詭言神道,
이왈 치기의복 이기관대, 삼왈 허과요술 궤언신도,

四曰 專察是非 私以動衆, 五曰 伺候得失 陰結敵人.
사왈 전찰시비 사이동중, 오왈 사후득실 음결적인.

此 所謂奸僞 悖德之人, 可遠而不可親也.
차 소위간위 패덕지인, 가원이불가친야.

"무릇 나라와 군대에는 다섯 가지 해악이 있으니,
첫째는 결당하여 서로 현명한 사람을 헐뜯고 비방하는 것이고,
둘째는 옷차림을 사치스럽게 하여 의관을 기이하게 만드는 것이며,
셋째는 헛되이 요술을 자랑하고
거짓으로 신비한 도리를 말하는 것이고,
넷째는 오로지 옳고 그름만을 따져
사사로운 이익으로 무리를 움직이는 것이며,
다섯째는 득실을 엿보고 따져서 몰래 적과 결탁하는 것이다.

이들은 이른바 간사하고 패덕悖德한 사람이니,
마땅히 멀리해야 할 것이지 가까이해서는 안 될 것이다."

현대적 의미
내 안의 '악惡'을 쫓아내라

제갈량은 조직의 안정을 해치는 다섯 가지 해악을 경고한다. 이 가르침은 비단 군대나 국가에만 해당하는 것이 아니다. 오늘날 우리 사회와 조직, 심지어 개인의 삶에도 그대로 적용될 수 있는 지혜이다.

파벌을 형성하고 헐뜯는 사람 : 특정 집단끼리만 뭉쳐 유능한 사람을 시기하고 음해하는 행위는 조직의 단합을 해치고 성장을 방해한다.
겉치레에만 치중하는 사람 : 본질적인 능력이나 성과보다 겉모습, 즉 화려한 옷차림이나 과시적 행태에 몰두하는 사람은 내실을 다지지 못한다.
헛된 말을 유포하는 사람 : 검증되지 않은 소문이나 허황한 정보로 사람들을 현혹하는 행위는 신뢰를 무너뜨린다. 이는 온라인상의 가짜뉴스나 근거 없는 유언비어와도 맥을 같이한다.
사적인 이익으로 공동체를 흔드는 사람 : 공적인 기준이 아닌 개인의 이득을 위해 옳고 그름을 판단하고, 사람들을 선동하는 사람은 조직의 투명성을 해친다.

기회만 엿보다 배신하는 사람 : 개인의 득실만을 따져 이익을 위해 언제든 조직을 배신하거나 적과 손잡는 사람은 공동체의 근간을 뒤흔드는 가장 위험한 존재이다.

이러한 해악들은 모두 '신뢰'를 좀먹는다. 제갈량은 이러한 부류의 사람을 '간사하고 패덕한 사람'이라 규정하며, "마땅히 멀리해야 한다"고 강조한다. 이는 단순히 남을 멀리하는 행위를 넘어, 우리 자신과 우리 조직에서 이러한 '악'이 움트지 않도록 끊임없이 경계하고 쫓아내야 한다는 강력한 메시지이다.

제갈량은 전장을 지휘하기에 앞서, 먼저 마음의 전장을 다스렸다. 그는 악을 경계했고, 해로운 기운이 조직과 사람 사이에 스며드는 것을 막고자 했다. 오늘날 우리 삶에도 '악'은 눈에 띄지 않게 침투한다. 탐욕, 아첨, 이기심, 무책임한 이들은 조직을 무너뜨리고, 관계를 병들게 하며, 리더의 판단을 흐리게 만든다.

제갈량은 이렇게 말했다.

"작은 악을 내버려 두면, 큰 화가 되어 돌아온다."

리더는 악을 외면하지 않는다. 그것을 직시하고, 단호히 밀어내는 자만이 조직을 지킬 수 있다.

나의 워크시트
나의 '축악逐惡'은 무엇인가?

제갈량의 가르침을 통해, 우리는 조직을 와해시키는 다섯 가지 해악의 본질을 배웠다. 이제 이 지혜를 우리 삶에 적용해 볼 시간이다.

생각해 보기

- 내가 속한 조직(회사, 팀, 모임 등)에서 제갈량이 말한 다섯 가지 해악 중 가장 경계해야 할 것은 무엇인가? 구체적인 사례가 있다면 떠올려 보자.
- 나는 혹시 이 다섯 가지 해악 중 하나라도 무의식 중에 행하고 있지는 않나? (예: 특정 동료와만 어울리며 다른 사람을 은근히 배제한 경험, SNS에서 겉모습을 과장되게 보여주려 했던 경험 등.)
- 이러한 '악'을 멀리하고 '선善'한 관계를 쌓기 위해 내가 가장 먼저 할 수 있는 행동은 무엇인가?

실천 과제

- 당신의 주변에서 '간사하고 패덕한 사람'이라고 느껴지는 사람이 있다면, 왜 그렇게 생각하는지 제갈량의 다섯 가지 해악에

비추어 분석해 보고 그와의 관계에서 거리를 두거나 긍정적인 방향으로 유도할 방법을 고민해 보자.
- 당신 자신을 돌아보며, 제갈량이 말한 다섯 가지 해악에 해당하는 나의 모습이 있다면 하나를 정해 개선하기 위한 구체적인 목표를 세워보자. (예: 험담에 동참하지 않기, 솔직한 모습 보여주기 등.)

知人 지인
사람됨을 아는 길

夫知人之性 莫難察焉, 美惡旣殊 情貌不一.
부지인지성 막난찰언, 미악기수 정모불일.

有溫良而爲詐者, 有外恭而內欺者,
유온량이위사자, 유외공이내기자,

有外勇而內怯者, 有盡力而不忠者.
유외용이내겁자, 유진력이불충자.

然 知人之道 有七焉, 一曰 問之以是非 而觀其志,
연 지인지도 유칠언, 일왈 문지이시비 이관기지,

二曰 窮之以詞辯 而觀其變, 三曰 咨之以計謀 而觀其識,
이왈 궁지이사변 이관기변, 삼왈 자지이계모 이관기식,

四曰 告之以禍難 而觀其勇, 五曰 醉之以酒 而觀其性,
사왈 고지이화난 이관기용, 오왈 취지이주 이관기성,

六曰 臨之以利 而觀其廉, 七曰 期之以事 而觀其信.
육왈 임지이리 이관기렴, 칠왈 기지이사 이관기신.

"무릇 사람의 성품을 아는 것은
그 어떤 것보다 살피기 어려우니,

좋고 나쁜 성품이 다르고 감정과 겉모습이 한결같지 않다.
겉으로 온화하고 선량해 보이나 거짓된 자가 있으며,
밖으로는 공손한 듯 보이나 속으로는 속이는 자가 있으며,
밖으로는 용감한 듯하나 속으로는 겁을 내는 자가 있으며,
힘을 다하는 듯하나 충성스럽지 못한 자가 있다.
그러나 사람을 알아보는 방법에는 일곱 가지가 있으니,
첫째, 옳고 그름을 물어 그 뜻을 보고,
둘째, 어려운 말로 궁지에 몰아 그 반응을 보고,
셋째, 계책과 꾀를 물어 그 식견을 보고,
넷째, 재앙과 곤란을 알려주어 그 용맹을 보고,
다섯째, 술에 취하게 하여 그 본성을 보고,
여섯째, 이익에 임하게 하여 그 청렴함을 보고,
일곱째, 일을 맡겨 기한을 정해 그 신용을 본다."

현대적 의미
사람의 마음을 꿰뚫어 보는 일곱 가지 지혜

제갈량은 사람의 본성을 파악하는 것이 얼마나 어려운지를 먼저 말한다. 겉으로 드러나는 모습과 내면의 진실이 다를 수 있기 때문이다.

하지만 제갈량은 단순히 어려움만을 논하지 않고, 구체적인 방법론을 제시한다. 이 일곱 가지 방법은 오늘날 우리가 직원을 채용하

거나, 팀원을 평가하거나, 심지어 새로운 친구를 사귈 때도 매우 유용한 통찰을 준다.

시비是非를 물어 의도를 살펴본다 : 어떤 가치관을 따르고 있는지, 무엇을 옳다고 생각하고 그르다고 여기는지 묻는 것은 그 사람의 근본적인 지향점을 파악하는 핵심이다.

어려운 말로 반응을 본다 : 예상치 못한 질문이나 복잡한 상황에 대한 논리적 답변을 요구할 때, 그 사람의 대처 능력과 순발력을 알 수 있다.

계책計策과 지모智謀를 물어 식견을 본다 : 특정 문제에 대해 어떤 해결책을 제시하는지 보면, 그 사람의 깊이 있는 사고력과 통찰력을 가늠할 수 있다.

재앙과 곤란을 알려주어 용맹을 본다 : 위기 상황에 대해 어떻게 반응하는지 보면, 그 사람의 정신적인 강인함과 책임감을 알 수 있다.

술에 취하게 하여 본성을 본다 : 자제력이 풀린 상태에서 드러나는 언행은 그 사람의 숨겨진 성격과 진실한 모습을 보여준다.

이익에 임하게 하여 청렴함을 본다 : 개인적인 이득 앞에서 어떤 선택을 하는지 보면, 그 사람의 도덕성과 자기 절제력을 확인할 수 있다.

일을 맡겨 기한을 정해 신용을 본다 : 실제적인 업무를 부여하고 기한을 정해두면, 그 사람의 책임감, 성실성, 그리고 약속을 지키는 능력을 명확히 알 수 있다.

제갈량은 전장에서 군대를 지휘하기 전에, 먼저 사람의 마음을 읽었다. 그는 병법보다 사람을 더 깊이 이해하고자 했고, 전략보다 인성을 더 중요하게 여겼다.

오늘날 우리는 수많은 관계 속에서 사람을 만나지만, 진심을 보는 눈은 점점 흐려지고 있다. 겉모습에 속고, 말에 휘둘리고, 평판에 기대어 판단한다. 그러나 리더는 사람을 꿰뚫어 보는 눈을 가져야 한다.

제갈량은 말한다.
"사람을 쓰려면 먼저 그 사람됨을 알아야 한다."

사람됨을 아는 길은 곧 자신을 아는 길이기도 하다.

나의 워크시트
사람을 보는 나의 '지인知人' 능력은?

제갈량의 가르침을 통해, 우리는 사람의 참모습을 파악하는 구체적인 방법을 배웠다. 이제 이 지혜를 우리 삶에 적용해 볼 시간이다.

생각해 보기

− 최근 당신이 새롭게 만난 사람(동료, 상사, 친구 등)이 있다면, 제갈량이 말한 일곱 가지 방법을 어떻게 적용해 볼 수 있을까?

- 과거에 사람을 잘못 판단하여 어려움을 겪었던 경험이 있는가? 그때 당신이 놓쳤던 부분은 무엇이었을까? 제갈량의 일곱 가지 방법 중 어느 것을 적용했더라면 더 좋았을지 생각해 보자.
- 당신은 다른 사람에게 일곱 가지 방법 중 어떤 모습으로 비치고 싶은가? 당신이 가장 중요하게 생각하는 덕목은 무엇인가?

실천 과제

- 이번 주 안에, 당신이 함께 일하는 팀원이나 동료 중 한 명을 대상으로 일곱 가지 방법 중 세 가지 이상을 적용해 관찰해 보자. (예: 어려운 과제에 대한 그의 의견 듣기, 프로젝트 진행 중 위기상황에서의 그의 태도 보기 등) 그리고 그를 어떻게 이해하게 되었는지 간단하게 기록해 보자.
- 당신이 신뢰하는 사람에게 "나는 어떤 사람으로 보이는지?" 솔직하게 물어보자. 이때 제갈량이 말한 일곱 가지 덕목(의지, 변화, 식견, 용기, 성품, 청렴, 신용)에 비추어 자신을 스스로 돌아보는 기회로 삼아보자.

將器 장기
리더의 그릇됨

將之器, 其用 大小不同 若乃察其奸 伺其禍 爲衆所服 此 十夫之將.
장지기, 기용 대소부동 약내찰기간 사기화 위중소복, 차 십부지장.

夙興夜寐 言詞密察, 此 百夫之將.
숙흥야매 언사밀찰, 차 백부지장.

直而有慮 勇而能鬪, 此 千夫之將.
직이유려 용이능투, 차 천부지장.

外貌桓桓 中情烈烈 知人勤勞, 惜人飢寒, 此 萬人之將.
외모환환 중정열열 지인근로, 석인기한, 차 만인지장.

近賢進能 日愼一日 誠信寬大, 閑於理亂, 此 十萬之將.
근현진능 일신일일 성신관대, 한어이란, 차 십만지장.

仁愛洽於下, 信義服隣國, 上曉天文, 中察人事,
인애흡어하, 신의복인국, 상효천문, 중찰인사,

下識地理, 四海之內 視如家室, 此 天下之將.
하식지리, 사해지내 시여가실, 차 천하지장.

"장수(리더)의 그릇은 쓰임에 따라 크고 작음이 같지 않다. 만약 간사함을 살피고 재앙을 엿보아 많은 사람을 복종하게 할 수 있다면, 이는 십 부장(十夫之將)이다.
일찍 일어나고 밤늦게 잠들며, 말을 세밀히 살필 줄 안다면,
이는 백부장(百夫之將)이다.
곧은 성품에 사려 깊고, 용감하여 잘 싸울 줄 알면,
이는 천 부장(千夫之將)이다.
겉모습은 늠름하나 속마음은 뜨거워서 남의 노고를 알고,
부하들의 배고픔과 추위를 아깝게 여긴다면,
이는 만인萬人의 장수 將帥이다.
어진 이를 가까이 하고
능력 있는 사람을 등용하여 나날이 더욱 신중하며,
성실과 신의로 너그러워 혼란을 막아낼 수 있다면,
이는 10만의 장군이다.
인애가 아랫사람들에게 흡족하게 전해지고,
신의로 이웃나라를 복종시키며, 위로는 천문을 알고,
중간으로는 인사를 살피며, 아래로는 지리를 알고,
온 세상을 자신의 집안일 보듯 한다면,
이는 천하의 으뜸가는 장수이다."

현대적 의미
당신의 통솔력 그릇은 얼마나 큰가?

제갈량은 리더의 역량을 '그릇'에 비유하며, 그 크기에 따라 다룰

수 있는 규모가 다르다고 말한다. 이 가르침은 통솔력의 단계별 성장을 보여주는 훌륭한 로드맵이기도 하며, 단순한 업무 관리자부터 조직 전체를 아우르는 최고 리더, 나아가 세상을 변화시키는 리더의 자질까지 구체적으로 제시하고 있다.

소규모 리더(10명, 100명) : 문제의 징후를 빠르게 파악하고, 부지런하며, 섬세한 소통 능력을 갖추는 것이 중요하다. 이는 팀의 효율성과 안정성을 유지하는 데 필수적인 역량이다.

중규모 리더(1,000명) : 실무 능력뿐만 아니라 곧은 원칙과 깊은 사려심을 가지고 조직원들을 이끌어야 한다. 용감하면서도 지혜롭게 싸워 팀을 승리로 이끄는 역량을 갖춘다.

대규모 리더(1만 명, 10만 명) : 이제 실무 역량만으로는 한계가 있다. 인재를 알아보는 안목, 혼란을 막아내는 넓은 도량, 그리고 사람들의 고통을 헤아리는 따뜻한 마음이 중요해진다.

최고 리더(천하) : 이 단계의 리더는 인간에 대한 깊은 이해(인사), 상황에 대한 명확한 통찰(천문, 지리)을 바탕으로 조직의 경계를 넘어 세상 전체를 포용하는 그릇을 가진다. 인애와 신의를 바탕으로 모두의 존경을 받는, 진정한 '천하의 리더'이다.

제갈량은 리더를 '장기將器'라 불렀다. 단순히 명령을 내리는 자가 아니라, 시대의 무게를 견디는 그릇이어야 한다는 뜻이다.

그는 능력보다 먼저 그릇을 보았다. 욕심이 그릇을 넘어서면 교만이 되고, 감정이 그릇을 넘어서면 혼란이 된다. 리더는 자신을 담을 수 있는 그릇을 먼저 만들어야 한다.

오늘날 우리는 빠른 성과와 외적 능력에만 집중한다. 그러나 제갈량은 말한다.

"장수는 그릇이 있어야 하며, 그릇은 덕과 절제에서 비롯된다."

리더의 그릇은 곧 조직의 운명이다.

나의 워크시트
나의 '장기(將器)'를 진단하라

제갈량의 가르침을 통해, 우리는 통솔력 그릇의 크기를 가늠하는 기준을 배웠다. 이제 이 지혜를 우리 삶에 적용해 볼 시간이다.

생각해 보기

- 당신은 현재 제갈량이 제시한 '장기' 단계 중 어느 위치에 있다고 생각하는가? 그리고 당신이 맡은 역할의 규모와 비교했을 때, 당신의 그릇은 적당히 큰가?
- 당신이 존경하는 리더나 롤모델은 어떤 '장기'를 갖춘 사람인가? 그가 어떻게 그 위치에 올랐다고 생각하는가?
- '천하의 장수'가 되는 데 필요한 세 가지 덕목(인애, 지혜, 넓은 시야) 중, 당신이 가장 먼저 키우고 싶은 것은 무엇인가?

실천 과제

- 이번 주 안에, 당신이 맡은 업무나 관계의 범위를 넘어서는 일에 관심을 가져보자. (예: 다른 부서의 업무흐름 이해하기, 지역사회 봉사활동 참여하기 등.) 이를 통해 당신의 '그릇'을 넓히는 연습을 해보자.
- 당신이 속한 조직이나 커뮤니티에서 '인재'라고 생각하는 사람을 찾아 그 사람과 깊은 대화를 나눠보자. 그의 지혜와 능력을 가까이 하며 당신의 '근현진능近賢進能' 능력을 키워보자.

將驕 장교
리더가 경계해야 할 교만과 인색함

將不可驕. 驕則失禮, 失禮則人離, 人離則衆叛.
장불가교. 교즉실례, 실례즉인리 인리즉중반.

將不可吝. 吝則賞不行, 賞不行則 士不致命, 不致命則 無功,
장불가린. 인즉상불행, 상불행즉 사불치명, 불치명즉 무공,

軍無功則 國虛, 國虛則 寇實矣.
군무공즉 국허, 국허즉 구실의.

子曰 "如有周公之才之美 使驕且吝, 其餘 不足觀也已."
자왈 여유주공지재지미 사교차린, 기여 부족관야이.

"장수(리더)는 교만해서는 안 된다. 교만하면 예의를 잃고,

예의를 잃으면 사람들이 떠나며,

가까운 사람이 떠나면 많은 사람이 배반한다.

장수는 인색해서는 안 된다. 인색하면 상을 주지 못하고,

상을 주지 못하면 병사들이 목숨을 바치지 않으며,

목숨을 바치지 않으면 공을 세울 수 없고,

공이 없으면 나라가 위태로워지며,

나라가 위태로우면 도적(적군)이 가득해진다.

공자孔子께서 말씀하시기를,
"만약 주공周公과 같은 훌륭한 재주와 아름다움을 지녔더라도,
교만하고 인색하다면 그 나머지는 볼 것도 없다."라고 하셨다.

현대적 의미
성공한 리더의 두 가지 치명적인 독

제갈량은 리더가 반드시 피해야 할 두 가지 치명적인 요소로 '교만(驕)'과 '인색(吝)'을 지적한다. 이 두 가지는 통솔력의 본질적인 자질을 무너뜨리고 조직을 파멸로 이끄는 가장 큰 원인이다.

교만(驕), 공동체를 파괴하는 독 : 교만은 겸손과 예의를 잃게 만든다. 리더가 사람들을 함부로 대하고 소통을 거부하면, 먼저 가까운 사람들이 떠나고, 결국 조직 전체가 붕괴하게 된다. 교만은 리더가 자신을 고립시키고 신뢰를 잃게 만드는 가장 위험한 성품이다.

인색(吝), 동기부여를 죽이는 독 : 리더의 인색함은 물질적인 보상뿐만 아니라 칭찬이나 인정에도 인색한 태도를 의미한다.

노력에 대한 정당한 보상이 없으면 사람들은 열정을 잃게 되고, 결국 조직은 성과를 내지 못하게 된다. 인색함은 팀원들의 사기를 꺾고 조직의 활력을 빼앗는다.

제갈량은 공자의 말을 인용하며 이 두 가지 해악의 심각성을 다

시 한 번 강조한다. 아무리 뛰어난 재능을 가졌더라도 교만하고 인색하다면, 그 재능은 아무런 가치가 없다는 것이다. 진정한 리더는 자신의 재능을 뽐내는 데 급급하지 않고, 사람의 마음을 얻고 공동체를 성장시키는 데 집중해야 한다.

제갈량은 리더의 가장 큰 적을 외부가 아닌 내부에 있다고 보았다. 교만은 성취 뒤에 숨어 있고, 인색함은 권력 속에 감춰져 있다.

제갈량은 말한다.

"장수가 교만하면 부하가 따르지 않고, 인색하면 마음을 잃는다."

오늘날에도 리더는 성과를 낼수록 자신을 돌아봐야 한다. 겸손은 리더의 방패이고, 너그러움은 리더의 무기다.

나의 워크시트
나의 '교만'과 '인색함'은 어디에 있는가?

제갈량의 가르침을 통해, 우리는 리더를 망치는 두 가지 독을 배웠다. 이제 이 지혜를 우리 삶에 적용해 볼 시간이다.

생각해 보기

— 당신이 속한 조직에서 '교만'과 '인색함' 때문에 무너진 리더나

팀의 사례가 있는가? 그들에게서 어떤 교훈을 얻을 수 있을까?
- 당신의 삶에서 '교만'과 '인색함'이 발현된 적이 있었는가? (예: 다른 사람의 의견을 무시한 경험, 팀원의 작은 성공을 칭찬하는 데 인색했던 경험 등.)
- '주공의 재능'을 가졌더라도 의미 없다는 공자의 말씀처럼, 당신이 가진 가장 큰 재능은 무엇이라고 생각하는가? 그 재능을 '교만'과 '인색함'으로 망치지 않기 위해 어떤 노력을 할 수 있을까?

실천 과제

- 이번 주 동안 당신이 무심코 지나쳤던 팀원의 작은 성과나 노고를 찾아 진심으로 칭찬하고 인정해 주자. 문자나 이메일, 혹은 직접 긍정적인 피드백을 전달하는 것을 목표로 해보자.
- 매일 아침 스스로 "나는 오늘 겸손한 태도로 사람들을 대할 것이다."라고 다짐을 해보자. 그리고 일과를 마치며 당신의 태도를 되돌아보는 시간을 가져보자.

將强 장강
리더의 다섯 가지 강점과 여덟 가지 단점

將有五强八惡, 高節 可以勵俗, 孝悌 可以揚名, 信義 可以交友,
장유오강팔악, 고절 가이려속, 효제 가이양명, 신의 가이교우,

沈慮 可以容衆, 力行 可以建功, 此 將之五强也.
심려 가이용중, 역행 가이건공 차 장지오강야.

謀不能料是非, 禮不能任賢良, 政不能正刑法,
모불능료시비, 예불능임현량, 정불능정형법,

富不能濟窮厄, 知不能備未形, 慮不能防微密,
부불능제궁액, 지불능비미형, 여불능방미밀,

達不能擧所知, 敗不能無怨謗 此 謂之八惡也.
달불능거소지, 패불능무원방, 차 위지팔악야.

"장수에게는 다섯 가지 강점(五强)과
여덟 가지 단점(八惡)이 있으니,
다섯 가지 강점은
첫째, 고상한 절개는 풍속을 장려할 수 있고,
둘째, 효도와 공경은 이름을 드높일 수 있으며,
셋째, 신의는 벗을 사귈 수 있고,

넷째, 깊은 생각은 대중을 포용할 수 있으며,

다섯째, 힘써 실천하는 것은 공을 세울 수 있다.

이는 장수의 다섯 가지 강점이다.

여덟 가지 단점이란,

첫째, 계획을 세우되 옳고 그름을 헤아리지 못하는 것이고,

둘째, 예의를 갖추되 어질고 훌륭한 사람에게 맡기지 못하는 것이며,

셋째, 정사를 행하되 형벌과 법을 바르게 세우지 못하는 것이고,

넷째, 부유하되 궁핍한 사람을 구제하지 못하는 것이며,

다섯째, 지혜롭되 아직 드러나지 않은 것을 대비하지 못하는 것이고,

여섯째, 생각하되 미세하고 은밀한 일을 막아내지 못하는 것이며,

일곱째, 성공했으되 아는 사람을 천거하지 못하는 것이고,

여덟째, 실패했으되 원망과 비방이 끊이지 않는 것이다."

현대적 의미
리더의 경쟁력, '강점'과 '단점'의 이중주

제갈량은 통솔력의 본질을 '강점'과 '단점'이라는 두 개의 축으로 분석한다.

그는 개인의 품성에서 비롯되는 '5강'을 통해 리더의 영향력이 어떻게 확장되는지를 설명하고, 반대로 능력은 있지만 그릇이 부족하여 실패하는 '8악'을 통해 리더의 몰락 원인을 제시한다.

다섯 가지 강점(五强)

높은 절개(高節) : 리더의 도덕적 원칙과 청렴함은 조직 문화 전체에 긍정적인 영향을 미친다.

효도와 공경(孝悌) : 가족과 가까운 사람에게 충실한 사람은 신뢰를 얻어 그 명성이 널리 퍼진다.

신의(信義) : 약속을 지키고 신의를 중시하는 태도는 강력한 인적 네트워크를 구축하는 기반이 된다.

깊은 생각(沈慮) : 경솔하게 행동하지 않고 깊이 사색하는 리더는 팀원들의 다양한 의견을 포용하고 현명한 결정을 내릴 수 있다.

힘써 실천하는 것(力行) : 머뭇거리지 않고 목표를 향해 힘써 행동하는 실천력은 눈에 보이는 성과를 만들어낸다.

여덟 가지 단점(八惡)

무분별한 계획 : 옳고 그름을 분별하지 못하는 계획은 잘못된 방향으로 나아가게 한다.

인재기용 실패 : 예의와 도리를 알면서도 유능한 인재를 중용하지 못하면 조직은 성장할 수 없다.

원칙 없는 운영 : 공정성이 없는 규칙은 조직의 신뢰를 무너뜨린다.

약자에 대한 무관심 : 개인적인 부富는 많지만, 어려운 사람을 돕지 않는다면 리더의 자격을 잃게 된다.

예방 실패 : 드러나지 않은 위험을 예측하고 대비하지 못해 큰 위기를 맞게 된다.

세밀한 관리 부족 : 사소하고 미묘한 문제들을 내버려 두면 큰 화근이 될 수 있다.

인재 추천 기피 : 성공했으면서도 아는 사람을 돕거나 추천하지 않으면 인망을 잃게 된다.

실패의 책임 전가 : 패배의 원인을 남 탓으로 돌리고 자신을 돌아보지 않으면 발전이 없다.

제갈량은 리더의 강점만을 찬양하지 않았다. 그는 리더의 내면을 해부하듯 들여다보며, 강점과 단점이 어떻게 균형을 이루어야 하는지를 가르쳤다.

강한 자는 흔들릴 수 있고, 지혜로운 자도 실수할 수 있다. 리더는 자신을 과신하지 않고, 단점을 직시할 줄 알아야 한다.

제갈량은 말한다.
"장수에게 다섯 가지 강점이 있으나, 여덟 가지 단점이 있으면 반드시 패한다."

오늘날 지도자에게 필요한 것은 완벽함이 아니라 자기 자신을 꿰뚫어 보는 눈이다.

나의 워크시트
나의 '강점'과 '단점'을 돌아보라

제갈량의 가르침을 통해, 우리는 리더의 성장과 몰락을 결정하는 강점과 단점을 배웠다. 이제 이 지혜를 우리 삶에 적용해 볼 시간이다.

생각해 보기

- 제갈량이 말한 '다섯 가지 강점' 중 당신이 가장 자신 있는 것은 무엇인가? 그리고 그 강점을 어떻게 더 발전시킬 수 있을까?
- '여덟 가지 단점' 중 당신의 삶이나 역할에서 가장 경계해야 할 것은 무엇인가?
- "실패했으되 원망과 비방이 끊이지 않는다"는 마지막 '악'에 대해 생각해 보자. 당신은 실패했을 때 타인을 비난하기보다 자신을 성찰하는 편인가?

실천 과제

- 이번 주 안에 당신의 '다섯 가지 강점' 중 하나를 선택하여 그 강점을 활용해 주변 사람들에게 긍정적인 영향을 미치는 행동

을 실천해 보자. (예: '신의'를 발휘하여 누군가에게 약속한 것을 미리 지켜보기 등.)

- 당신의 가장 큰 '단점'을 극복하기 위한 구체적인 목표를 한 가지 정해 보자. 그리고 그 목표를 달성하기 위한 첫 번째 단계를 오늘 안에 실행해 보자.

自勉 자면
자신을 경계하는 리더의 덕목

聖人則天, 賢者法地, 智者則古.
성인칙천, 현자법지, 지자칙고.

驕者招毀, 妄者稔禍, 多語者寡信, 自奉者少恩,
교자초훼, 망자임화, 다어자과신, 자봉자소은,

賞於無功者 離, 罰加無罪者 怨, 喜怒不當者 滅.
상어무공자 리, 벌가무죄자 원, 희노부당자 멸.

"성인聖人은 하늘을 본받고, 현자賢者는 땅을 본받으며,
지혜로운 사람은 옛것을 본받는다.
교만한 사람은 비방을 자초하고,
망령된 사람은 화를 불러오며,
말이 많은 사람은 신뢰를 얻지 못한다.
자신을 높이는 사람은 은혜가 적고,
공로 없는 사람에게 상을 주면 사람들이 떠나고,
죄 없는 사람에게 벌을 더하면 원망을 산다.
기쁨과 노여움을 마땅하지 않게 다루는 사람은 결국 망한다."

현대적 의미
성공한 리더의 지혜와 실패한 리더의 독

제갈량은 리더가 자신을 어떻게 단련해야 하는지, 그리고 어떤 행동이 파멸을 초래하는지 극명하게 대조하며 설명한다. '자면自勉'이라는 제목처럼, 리더는 항상 자신을 돌아보고 경계해야 한다.

지혜로운 리더의 세 가지 덕목

하늘(天)을 본받아 자연의 이치에 순응 : 자연의 섭리처럼 예측불가능한 흐름을 읽고, 겸허하게 받아들이는 자세가 필요하다.
땅(地)을 본받아 모든 것을 포용 : 땅이 만물을 포용하듯, 리더는 다양한 사람들의 의견을 경청하고 포용할 줄 알아야 한다.
옛것(古)을 본받아 지혜를 배우고 활용 : 과거의 역사와 선현들의 지혜를 통해 현재의 문제를 해결하는 통찰력을 얻어야 한다.

리더의 파멸을 부르는 일곱 가지 독

교만 : 자기 능력에 자만하면 사람들의 비난과 원망을 사게 된다.
경솔함 : 신중하지 못한 말과 행동은 불필요한 문제를 초래한다.
말 많음 : 불필요한 말은 신뢰를 떨어뜨리고, 리더의 권위를 약화

시킨다.

이기심 : 자신의 이익만을 챙기면 사람들의 마음을 잃게 된다.

불공정함 : 공로가 없는 자에게 상을 주거나, 죄 없는 자에게 벌을 주는 것은 조직의 시스템을 무너뜨리고 불만을 초래한다.

감정적 리더십 : 기쁨과 노여움을 통제하지 못하고 감정적으로 대응하면, 리더는 조직의 신뢰를 잃고 몰락하게 된다.

결론적으로, 제갈량은 리더가 성공하기 위해서는 끊임없이 자신을 갈고닦고, 내면의 유혹을 이겨내야 한다고 말하고 있다.

제갈량은 늘 자신을 향해 병법을 들이댔다. 그는 외부의 적보다 먼저, 자기 내명에 똬리를 틀고 있는 교만과 나태를 경계했다.

리더는 많은 것을 보고, 많은 것을 판단하지만, 가장 보기 어려운 것은 자기 자신이다. 권위가 높아질수록, 성과가 쌓일수록, 리더는 자신을 돌아보는 눈을 잃기 쉽다.

제갈량은 말한다.

"자신을 경계하지 않으면, 남을 다스릴 수 없다."

자기 성찰은 리더의 마지막 무기이자, 가장 강력한 방패다.

나의 워크시트
나는 '자면自勉'하고 있는가?

제갈량의 가르침을 통해, 우리는 리더의 자기계발과 자기 경계의 중요성을 배웠다. 이제 이 지혜를 우리 삶에 적용해 볼 시간이다.

생각해 보기

- 당신은 최근에 어떤 행동으로 '교만', '망령됨', 혹은 '말 많음'의 모습을 보였는가?
- 당신이 속한 조직에서 '불공정한 상벌' 때문에 불만이 생긴 적이 있는가? 그로 인해 어떤 문제가 발생했는가?
- "기쁨과 노여움을 마땅히 다루지 못하는 자는 멸한다."라는 가르침에 비추어, 당신은 자신의 감정을 얼마나 잘 통제하고 있다고 생각하는가?

실천 과제

- 이번 주 안에 당신이 맡은 일에서 '하늘, 땅, 옛것' 중 하나를 본받는 자세로 임해 보자. (예: '하늘'처럼 큰 그림을 보며 업무 시작하기, '땅'처럼 팀원들의 의견을 모두 포용해 보기 등.)
- 매일 잠자리에 들기 전, 당신의 하루를 돌아보며 "나는 오늘 어떤 잘못을 저질렀고, 어떤 점을 경계해야 하는가?"라고 스스로 질문해 보자.

권위는 '맹호에 날개를 단 것'과 같아
강력하지만 위험할 수 있어,
덕과 절제가 바탕이 되어야 한다.
리더십은 단순한 지시가 아니라
존재 자체에서 흘러나오는 '무게'이다.
리더의 권위는
구성원의 신뢰를 바탕으로 한 정당한 영향력이며,
이것이 무너지면 리더의 역할을 할 수 없다.

CHAPTER 2

리더의 자질과 성장

리더는 만들어진다

타고난 리더는 없다.
제갈량은 리더가 갖춰야 할 재목과 덕목,
지식과 욕구를 하나하나 짚어준다.
강함과 부드러움, 흔들리지 않는 뜻,
그리고 임무에 대한 마음가짐은 모두 훈련과 성찰을 통해
길러지는 자질이다.
이 주제는 리더가 어떤 사람이어야 하는지,
그리고 어떻게 성장해야 하는지를 구체적으로 안내한다.
리더십은 결국 '사람됨'의 총합이다.
제갈량은 『계자서』에서 이렇게 말한다.
"몸가짐을 바르게 하고, 뜻을 굳게 하며, 배움을 게을리 하지 말라."

將才 장재
리더의 다섯 가지 재목

將之以德, 齊之以禮, 知其飢寒, 察其勞苦 此 謂之仁將.
도지이덕, 제지이례, 지기기한, 찰기노고 차 위지인장.

事無苟免, 不爲利撓, 有死之榮, 無生之辱 此 謂之義將.
사무구면, 불위리요, 유사지영, 무생지욕 차 위지의장.

貴而不驕, 勝而不恃, 賢而能下, 下而能忍 此 謂之禮將.
귀이불교, 승이불시, 현이능하, 하이능인 차 위지례장.

奇變莫測, 動應多端, 轉禍爲福, 臨危制勝 此 謂之智將.
기변막측, 동응다단, 전화위복, 임위제승 차 위지지장.

進有厚賞, 退有嚴刑, 賞不逾時, 刑不擇貴 此 謂信將.
진유후상, 퇴유엄형, 상불유시, 형불택귀 차 위신장.

"덕德으로써 사람을 이끌고, 예禮로써 질서를 잡으며,
부하들의 배고픔과 추위를 알고 그들의 노고를 살핀다면,
이를 인장仁將이라 한다.
일에 구차하게 피하려 하지 않고, 이익에 흔들리지 않으며,
죽음을 영화롭게 여기고 삶에 욕됨이 없으면,
이를 의장義將이라 이른다.

높은 지위에 있어도 교만하지 않고, 승리했어도 자만하지 않으며,

어질어도 자신을 낮출 줄 알고,

아래에 있어도 모욕을 견뎌낼 수 있다면, 이를 예장禮將이라 한다.

기이한 변화를 예측하기 어렵고, 다양한 상황에 따라 적절히 대응하며,

재앙을 복으로 바꾸고 위기에 임하여 승리를 끌어낸다면,

이를 지장智將이라 한다.

전진하는 자에게 후한 상을 주고,

물러나는 자에게 엄한 벌을 주며,

상은 때를 넘기지 않고, 벌은 귀한 신분을 가리지 않는다면,

이를 신장信將이라 한다."

현대적 의미
당신은 어떤 재목의 리더인가요?

제갈량은 성공적인 조직을 이끄는 리더에게 필요한 다섯 가지 핵심역량을 제시하였다. 이 다섯 가지 '장수將才'는 오늘날의 리더십 모델과 놀라울 정도로 일치한다. 군대를 이끄는 지휘관에게 국한된 것이 아니라 모든 조직의 리더와 개인에게 필요한 덕목이다.

인장仁將, 배려와 공감의 리더십 : 구성원의 고충을 헤아리고 따뜻하게 보살피는 리더십이다. 조직원에게 깊은 공감과 신뢰를 얻어 조직의 결속력을 강화한다.

의장義將**, 원칙과 용기의 리더십** : 개인의 이익보다 대의를 우선하며, 위기 앞에서 흔들리지 않는 용기를 보여준다. 구성원들에게 "무엇이 옳은가?"라는 분명한 가치 기준을 제시한다.

예장禮將**, 겸손과 절제의 리더십** : 자신의 위치에 자만하지 않고, 겸손한 태도로 주변을 존중한다. 조직의 위계질서를 넘어 진정한 소통을 가능하게 한다.

지장智將**, 통찰과 혁신의 리더십** : 급변하는 상황을 읽고, 창의적인 방법으로 문제를 해결하는 능력이다. 위기를 기회로 바꾸는 뛰어난 문제해결 능력을 보여준다.

신장信將**, 공정성과 신뢰의 리더십** : 약속을 지키고 공정한 원칙을 철저히 적용하는 리더십이다. 조직의 규칙과 보상시스템에 대한 신뢰를 구축하여 구성원들의 동기를 부여한다.

제갈량은 리더에게 필요한 자질을 다섯 가지로 정리했다. 그가 말한 '장재將才'는 단순한 기술이나 지식이 아니라 사람됨과 판단력, 그리고 시대를 이끄는 품격이었다. 오늘날 우리는 리더를 능력으로 평가하지만 제갈량은 그보다 먼저 "그 사람이 어떤 사람인가?"를 물었다.

제갈량은 말한다.
"장수는 지혜, 신중, 용기, 엄격, 인애를 갖추어야 한다."
제갈량이 말하는 이 다섯 가지는 리더의 뿌리이며, 흔들리지 않는 중심이다.

나의 워크시트
나의 '장재將才'를 점검하라

제갈량의 가르침을 통해, 우리는 이상적인 리더의 다섯 가지 모습을 배웠다. 이제 제갈량의 가르침을 통해 배운 이 지혜를 우리 삶에 적용해 볼 시간이다.

생각해 보기

- 당신은 다섯 가지 '장재' 중 어떤 유형의 리더에 가장 가깝다고 생각하는가? 그 이유는 무엇인가?
- 당신이 속한 조직의 리더(상사, CEO 등)를 다섯 가지 유형에 비추어 평가해 본다면, 그는 어떤 재목의 리더인가? 어떤 점을 본받고 싶고, 어떤 점을 개선하면 좋을까?
- 다섯 가지 덕목 중, 당신이 가장 부족하다고 생각하는 것은 무엇인가? 그 덕목을 발전시키기 위해 어떤 노력을 할 수 있을까?

실천 과제

- 이번 주 안에 당신이 가장 부족하다고 느낀 '장재' 덕목 하나를 선택하여 그와 관련된 구체적인 행동 목표를 세워 실천해 보자.

(예: '인장'을 기르기 위해 팀원 한 명에게 진심으로 고충을 물어보기, '신장'을 기르기 위해 작은 약속이라도 반드시 지키기 등.)

- 당신이 존경하는 리더나 멘토에게 '리더십을 기르기 위해 어떤 노력을 해왔는지' 조언을 구해 보자. 그의 이야기가 당신의 '장재'를 발전시키는 데 어떤 도움이 될지 고민해 보자.

將才 장재
네 가지 자질

足輕戎馬, 氣盖千夫, 善固疆場, 長於劍戟 此 謂之步將.
족경융마, 기개천부, 선고강장, 장어검극 차 위지보장.

凌高歷險, 馳射若飛, 進則先行, 退則後殿 此 謂之騎將.
능고력험, 치사약비, 진즉선행, 퇴즉후전 차 위지기장.

氣凌三軍, 志輕强虜, 怯於小戰, 勇於大敵 此 謂之猛將.
기능삼군, 지경강로, 겁어소전, 용어대적 차 위지맹장.

見賢如不及, 從諫若順流, 寬而能剛, 勇而多計 此 謂之大將.
견현여불급, 종간약순류, 관이능강, 용이다계 차 위지대장.

"걸음걸이가 전장의 말처럼 가볍고, 기운이 천 명의 군사를 압도하며, 국방을 굳건히 지키고, 검술과 창술에 능하면 이를 보장步將이라 한다. 높은 곳과 험한 곳을 쉽게 넘고, 말을 타고 달리고 쏘는 것이 나는 듯하며, 나아갈 때는 선두에 서고 물러날 때는 후미에서 지키면
이를 기장騎將이라 한다.
기개가 삼군을 능가하고, 강한 적을 우습게 여기며,
사소한 전투는 피하려 하고,
큰 적에게 용맹하다면 이를 맹장猛將이라 한다.

어진 사람을 보면 마치 따라잡지 못할까 두려워하고,
간언을 따르기를 물 흐르듯 하며, 너그러우면서도 강직하고,
용맹하면서도 꾀가 많으면 이를 대장大將이라 한다."

현대적 의미
다양한 역할의 리더십, 그리고 '대장군'의 자질

제갈량은 리더를 네 가지 유형으로 제시하였다. 흥미로운 점은 앞 장에서 보편적인 지도자의 덕목을 이야기했다면, 이번에는 각기 다른 상황과 역할에 맞는 리더의 특성을 설명하고 있다는 것이다. 그리고 그 모든 것을 아우르는 '대장군'의 자질을 마지막에 강조한다.

보장步將, 전문성과 헌신의 리더 : 특정 분야에서 뛰어난 전문성과 실행력을 갖춘 리더다. 자신의 영역을 굳건히 지키며, 실무를 통해 조직의 안정에 기여하는 유형이다. 오늘날의 핵심 실무자, 전문 팀장 등에 비유할 수 있다.

기장騎將, 기동성과 책임감의 리더 : 빠르고 과감한 결단력과 추진력을 가진 리더다. 앞장서서 돌파하고, 위험을 감수하면서도 팀을 지키는 책임감을 보여준다. 이는 변화와 혁신을 이끄는 선구자적 통솔력과 유사하다.

맹장猛將, 전략적 용기의 리더 : 기세가 등등하며, 작은 이익에 연연하지 않고 큰 목표에 집중하는 리더다. 사소한 다툼에는 나서지 않

지만, 중요한 승부처에서는 과감하게 맞서는 전략적인 용기를 갖춘 리더다.

대장大將**, 통합적이고 포용적인 리더** : 앞서 언급된 세 가지 통솔력을 모두 포용하고 뛰어넘는 최고 리더의 자질이다. 유능한 인재를 존중하고, 비판을 겸허하게 수용하며, 부드러움과 강직함을 겸비하고, 용맹하되 지혜를 잃지 않는다. 이는 단순한 실력자를 넘어, 사람과 조직을 아우르는 진정한 통솔력의 표본이다.

제갈량은 리더의 자질을 다시 네 가지로 정리했다.
"장수는 지혜, 신중, 용기, 엄격함을 갖추어야 한다."
이는 단순한 능력의 나열이 아니라 리더가 반드시 갖춰야 할 내면의 균형이라고 할 수 있다. 지혜는 판단을 낳고, 신중함은 실수를 줄이며, 용기는 결단을 가능하게 하고, 엄격함은 질서를 세운다.
이 네 가지는 리더의 중심을 이루는 기둥이다. 오늘날에도 리더는 이 네 가지를 균형 있게 갖추어야 흔들리지 않는다.

나의 워크시트
나는 어떤 유형의 리더인가? 그리고 '대장군'을 꿈꾸는가?

제갈량의 가르침을 통해, 우리는 각기 다른 리더십 유형과 궁극적인 '대장군'의 자질을 배웠다. 이제 이 지혜를 우리 삶에 적용해 볼 시간이다.

생각해 보기

- 당신은 현재 맡은 역할에서 위 네 가지 유형 중 어떤 리더에 가장 가깝다고 생각하는가? 그 이유는 무엇인가?
- 당신이 속한 조직에서 '대장大將'이라고 생각되는 사람이 있는가? 그 사람에게서 어떤 특징을 발견할 수 있으며, 그가 존경받는 이유는 무엇이라고 생각하는가?
- 당신이 '대장'의 위치에 오른다면, 가장 먼저 어떤 노력을 하고 싶은가? 특히, "어진 사람을 보면 미치지 못할지 두려워하고, 간언을 따르기를 물 흐르듯 하라"는 가르침을 어떻게 실천할 수 있을까?

실천 과제

- 이번 주 안에 당신이 존경하는 '대장大將' 유형의 리더에게 짧은 메시지를 보내 감사와 존경의 마음을 표현해 보자. 그의 어떤 점을 배우고 싶은지 구체적으로 언급하면 더욱 좋다.
- 당신의 강점과 약점을 객관적으로 평가해 보고, 당신의 리더십을 '보장', '기장', '맹장' 중 어느 하나에 비유해 보자. 그리고 '대장'이 되기 위해 어떤 점을 보완해야 할지 한 가지 목표를 설정해 보자

將善 장선
리더가 갖춰야 할 지식과 욕구

將有五善四欲. 五善者 所謂善知 敵之形勢,
장유오선사욕. 오선자 소위선지 적지형세,

善知 進退之道, 善知 國之虛實, 善知 天時人事, 善知 山川險阻.
선지 진퇴지도, 선지 국지허실, 선지 천시인사, 선지 산천험조.

四欲者 所謂戰欲奇, 謀欲密, 衆欲靜, 心欲一.
사욕자 소위전욕기, 모욕밀, 중욕정, 심욕일.

"장수(리더)에게는 다섯 가지 잘 알아야 할 것(五善)과
네 가지 추구해야 할 것(四欲)이 있다.
다섯 가지 잘 알아야 할 것이란
첫째, 적의 형세를 잘 아는 것이며,
둘째, 나아가고 물러나는 길을 잘 아는 것이며,
셋째, 나라의 허와 실을 잘 아는 것이며,
넷째, 하늘의 때와 사람의 일을 잘 아는 것이며,
다섯째, 산과 강, 험한 지형을 잘 아는 것이다.
네 가지 추구해야 할 것이란
첫째, 싸움은 기묘하기를 바라며,

둘째, 계획은 치밀하기를 바라며,

셋째, 무리(군중)는 고요하기를 바라며,

넷째, 마음은 하나이기를 바라는 것이다."

현대적 의미

성공하는 리더의 다섯 가지 '지식'과 네 가지 '자세'

제갈량은 리더가 갖춰야 할 역량을 크게 두 가지로 나눈다. 바로 상황을 정확히 파악하는 지식(五善)과 목표를 달성하기 위한 자세(四欲)이다. 이 제갈량은 두 가지가 균형을 이룰 때 비로소 성공적인 리더십이 발휘될 수 있다고 말한다.

다섯 가지 지식(五善)

경쟁 환경 파악 : '적의 형세'는 경쟁사의 동향, 시장의 흐름, 기술의 변화 등 외부환경을 정확히 분석하는 능력이다.

전략적 판단 : '진퇴의 길'은 나아가야 할 때와 물러서야 할 때를 아는 전략적 판단력이다. 무조건 돌격하는 것이 아니라 상황에 맞는 최적의 선택을 한다.

조직의 내부 진단 : '나라의 허와 실'은 우리 조직의 강점과 약점을 객관적으로 파악하는 능력이다. 내부의 문제를 정확히 알아야 올바

른 해결책을 찾을 수 있다.

동향과 직관 : '천시와 인사'는 거시적인 흐름(시대의 동향)과 사람들의 마음(조직문화, 구성원의 심리)을 읽는 통찰력을 말한다.

기반환경 이해 : '산천의 험조'는 비즈니스 모델이나 기술 인프라 등 조직의 근간이 되는 환경을 깊이 이해하는 것이다.

네 가지 자세(四欲)

전략의 독창성 : '싸움은 기묘하기'를 바란다. 경쟁자와 차별화된 독창적인 전략으로 승리하겠다는 의지다.

계획의 완벽성 : '계획은 치밀하기'를 바란다. 모든 변수를 고려하고 빈틈없는 준비로 불확실성을 최소화한다.

팀워크의 고요함 : '무리(군중)는 고요하기'를 바란다. 팀원들이 잡음 없이 하나의 목표를 향해 조용히 움직일 수 있도록 조직을 관리한다.

목표의 일관성 : '마음은 하나이기'를 바란다. 리더와 팀원 모두가 같은 비전과 목표를 공유하고, 흩어지지 않는 마음으로 전진하는 것을 추구한다.

제갈량은 리더의 내면을 지식과 욕망이라는 두 축으로 나누어 바라보았다. 제갈량은 이렇게 말한다.

"장수는 반드시 알아야 할 것이 다섯 가지 있고, 경계해야 할 욕망이 네 가지 있다."

지식은 리더의 눈을 밝히고, 욕망은 그 마음을 흔든다. 오늘날 우리는 많은 것을 배우지만, 무엇을 욕망하는지는 돌아보지 않는다. 제갈량은 리더가 무엇을 아는가보다 무엇을 갈망하는가를 더 깊이 물었다.

지혜로운 리더는 아는 것만큼, 욕망을 다스릴 줄 안다.

나의 워크시트
나의 '장선將善'을 진단하고 완성하라

제갈량의 가르침을 통해, 우리는 성공적인 리더가 갖추어야 할 지식과 태도를 배웠다. 이제 이 지혜를 우리 삶에 적용해 볼 시간이다.

생각해 보기

- 다섯 가지 지식 중, 현재 당신의 역할에서 가장 부족하다고 느끼는 부분은 무엇인가? 그리고 그 부분을 보완하기 위해 어떤 노력을 하고자 하는가?
- 당신이 속한 팀이나 조직의 '마음'이 하나로 모여 있다고 생각하는가? 만약 그렇지 않다면, 그 이유는 무엇이며, '마음이 하나이기(心欲一)'를 바라는 리더로서 어떤 노력을 할 수 있을까?

- '싸움은 기묘하기(戰欲奇)를'이라는 가르침을 당신의 업무나 삶에 어떻게 적용해 볼 수 있을까? 당신만의 독창적인 아이디어가 있는가?

실천 과제

- 이번 주 동안 당신의 팀(또는 모임)의 '허실虛實'을 파악하기 위한 간단한 설문조사를 해보자. (예: "우리 팀의 강점과 약점은 무엇이라고 생각하는가?" 등) 이를 통해 내부를 진단하고 개선점을 찾아보자.
- 당신이 속한 조직의 '마음'을 하나로 모으기 위한 작은 행동을 하나 실천해 보자. (예: 팀원들과 함께 비전을 공유하는 시간 갖기, 팀의 목표를 명확히 문서로 만들어 공유하기 등.)

將志 장지
리더의 흔들리지 않는 뜻

兵者凶器, 將者危任, 是以 器剛則缺, 任重則危.
병자흉기, 장자위임, 시이 기강즉결, 임중즉위.

故 善將者 不恃强, 不怙勢, 寵之而不喜, 辱之而不驚,
고 선장자 불시강, 불호세, 총지이불희, 욕지이불경,

見利不貪, 見美不淫, 以身殉國 一意而己.
견리불탐, 견미불음, 이신순국 일의이이.

"무릇 병기兵器는 흉기요, 장수(리더)는 위험한 임무를 맡은 사람이니,
이 때문에 그릇이 단단하면 깨지고, 임무가 무거우면 위태롭다.
그러므로 훌륭한 장수는 자신의 강함을 믿지 않으며,
권세에 기대지 않으며,
총애를 받아도 기뻐하지 않고,
욕됨을 당해도 놀라지 않으며,
이익을 보아도 탐하지 않고,
아름다운 것을 보아도 현혹되지 않고,
오직 자기 몸을 나라에 바쳐 나라를 지키는 일에만
뜻을 두어야 한다."

현대적 의미
흔들리지 않는 리더의 중심

제갈량은 리더의 외적인 능력이나 권세보다 더 중요한 것은 내면의 흔들리지 않는 '뜻(志)'이라고 강조한다. 병기와 장수의 위험한 속성을 먼저 언급하며, 리더십이라는 것이 얼마나 무거운 책임인지를 깨닫도록 하는 것이다.

리더가 겪는 다양한 유혹과 시험을 이겨낼 수 있는 유일한 힘은 바로 올곧은 마음가짐에 있다.

자신감과 자만심의 경계 : 뛰어난 능력이나 강한 힘은 자만심으로 이어지기 쉽다. 훌륭한 리더는 자신의 강점을 알되, 그것에 기대지 않고 끊임없이 노력한다.

권세와 아첨에 초연함 : 리더의 자리는 총애와 권세가 따르기 마련이지만 이는 언제든 사라질 수 있는 허상이다.

현명한 리더는 이러한 외적인 것에 일희일비하지 않는다.

욕됨에 흔들리지 않는 태도 : 리더는 비난과 비판, 심지어 모욕까지 감내해야 할 때가 있다. 이에 놀라거나 무너지지 않는 담대한 마음은 리더의 필수 덕목이다.

이익과 유혹에 대한 절제 : 개인적인 이익이나 사적인 욕망에 눈이 멀면 조직의 대의를 잃게 된다. 사소한 이익과 순간의 쾌락에 빠지지 않는 절제력은 리더의 가장 중요한 자질이다.

오직 '대의(大義)'에 집중하는 삶 : 궁극적으로 리더는 자신의 삶을 하나의 큰 목표에 바쳐야 한다.

　제갈량은 이를 '나라를 지키는 일'이라고 표현했지만, 현대사회에서는 조직의 비전, 공동체의 발전, 또는 자신이 추구하는 가치에 헌신하는 것을 의미한다.

　제갈량은 리더의 뜻을 '장지將志'라 불렀다. 그는 전략보다 먼저, 뜻을 세우는 것이 리더의 출발점이라 말했다. 뜻이 흔들리면 판단이 흐려지고, 뜻이 약하면 조직도 무너진다. 리더는 외부의 소란보다, 내면의 흔들림을 먼저 다스릴 줄 알아야 한다.

　제갈량은 말한다.
"장수는 뜻이 굳건해야 하며, 뜻이 없으면 아무리 재능이 있어도 쓸 수 없다."
　오늘날에도 리더는 방향을 잃지 않는 중심을 가져야 한다.

나의 워크시트
나의 '장지將志'는 어디에 있는가?

　제갈량의 가르침을 통해, 우리는 진정한 리더가 가져야 할 흔들리지 않는 뜻을 배웠다. 이제 이 지혜를 우리 삶에 적용해 볼 시간이다.

생각해 보기

- 당신이 현재 리더의 위치(혹은 리더를 꿈꾸는)에 있다면, 당신의 마음을 흔드는 가장 큰 유혹은 무엇인가? (예: 타인의 칭찬, 개인적인 이익, 실패에 대한 두려움 등.)
- 당신의 삶에서 '몸을 바쳐 지키고 싶은 나라', 즉 진정으로 헌신하고 싶은 '대의'는 무엇인가? 그것은 회사에서의 역할인가, 가정에서의 책임인가, 아니면 다른 것인가?
- 당신은 모욕을 당하거나 비난을 들었을 때, 이를 어떻게 극복했었는가? 만약 그런 경험이 없다면, 어떻게 대처할 것인지 미리 생각해 보자.

실천 과제

- 이번 주 안에 당신의 '대의'를 명확히 정의하는 짧은 문장을 만들어 보자. 그리고 그 문장을 잘 보이는 곳에 붙여놓고, 당신의 행동이 그 뜻과 일치하는지 매일 점검해 보자.
- 당신이 존경하는 리더나 인물 중, '유혹에 흔들리지 않는' 강한 의지를 갖췄다고 생각하는 사람을 떠올려 보자. 그의 삶과 행동에서 어떤 점을 본받고 싶은지, 그가 어떻게 자기 뜻을 지켰는지 깊이 생각해 보는 시간을 가져보자.

將剛 장강
강함과 부드러움

善將者 其剛 不可折, 其柔 不可卷.
선장자 기강 불가절, 기유 불가권.

故 以弱制强, 以柔制剛.
고 이약제강, 이유제강.

純柔純弱 其勢必削, 純剛純强 其勢必亡.
순유순약 기세필삭. 순강순강 기세필망.

不柔不剛 合道之常.
불유불강 합도지상.

"훌륭한 장수(리더)는 그 강함을 꺾을 수 없고,
그 부드러움을 거두어들일 수 없다.
그러므로 약함으로써 강한 것을 제압하고,
부드러운 것으로 강한 것을 제압한다.
한없이 부드럽고 약하기만 하면 그 세력이 반드시 깎일 것이요,
한없이 굳세고 강하기만 하면 그 세력은 반드시 망할 것이다.
너무 부드럽지도 않고 너무 강하지도 않아야
도리道理에 합당한 것이다."

현대적 의미
강함과 부드러움의 균형

제갈량은 통솔력의 본질적인 어려움을 '강함과 부드러움의 조화'에서 찾고 있다. 리더의 강함은 조직의 흔들림 없는 원칙을 의미하고, 부드러움은 유연한 소통과 포용을 의미한다. 이 두 가지를 적절히 조화시켜야만 조직을 안정적으로 이끌고 위기를 극복할 수 있다고 강조한다.

지나친 부드러움은 무력함으로 이어진다 : 오직 부드러움만을 추구하는 리더는 결단력이 부족하고, 원칙 없이 사람들을 대하게 된다. 이는 결국 조직의 기강을 무너뜨리고 혼란을 초래한다.

지나친 강함은 파멸로 이어진다 : 오직 강함만을 내세우는 리더는 독단적이고 소통을 거부한다. 사람들의 의견을 무시하고 힘으로만 밀어붙이려 하면, 결국 조직원들의 마음을 잃어버리고 파멸에 이르게 마련이다.

진정한 힘은 강유剛柔의 조화에서 나온다 : 제갈량은 "약함으로 강함을 제압하고, 부드러움으로 강함을 제압하라"고 말한다. 이는 겉으로 보이는 힘에 의존하는 것이 아니라 상황에 따라 유연하게 대처하는 지혜가 진정한 힘이라는 의미다.

단호해야 할 때는 단호하되, 포용해야 할 때는 부드러워야 한다는 통솔력의 본질을 꿰뚫고 있다.

제갈량은 리더에게 강함만을 요구하지 않았다. 그는 부드러움 속에 담긴 인내와 포용의 힘을 알았고, 강함 속에 깃든 결단과 책임의 무게를 꿰뚫어 보았다. 리더는 때로는 단호해야 하고, 때로는 유연해야 한다. 강함만으로는 사람을 얻을 수 없고, 부드러움만으로는 조직을 이끌 수 없다.

제갈량은 말한다.
"장수는 강함과 부드러움을 겸비해야 하며, 어느 한쪽으로 치우치면 패한다."
오늘날에도 리더가 이 두 가지 힘을 균형 있게 다스릴 줄 알아야 한다는 것에는 변함이 없다.

나의 워크시트
나의 '강함'과 '부드러움'은 조화를 이루고 있는가?

제갈량의 가르침을 통해, 우리는 리더의 균형 잡힌 모습이 얼마나 중요한지를 배웠다. 이제 이 지혜를 우리 삶에 적용해 볼 시간이다.

생각해 보기

- 최근 당신의 행동 중 '너무 강했거나' 혹은 '너무 부드러웠다'고

느꼈던 경험이 있는가? 그때의 상황과 결과는 어떠했나?
- 당신이 속한 조직의 리더(혹은 당신 자신)는 어떤 리더십 스타일을 가지고 있나? 지나치게 강한가, 아니면 지나치게 부드러운가? 그 스타일이 조직에 어떤 영향을 미친다고 생각하는가?
- 당신의 '강함'과 '부드러움'을 조화롭게 하려면 가장 먼저 개선하고 싶은 점은 무엇인가?

실천 과제

- 이번 주 동안 당신이 단호한 결정을 내려야 할 상황과 부드럽게 소통해야 할 상황을 미리 생각해 두자. 그리고 각 상황에 맞춰 어떤 태도를 보일지 연습해 보자.
- 당신이 신뢰하는 동료에게 "제가 너무 강한 사람처럼 보이나요? 혹은 너무 부드럽게 보이나요?"라고 솔직하게 물어보자. 타인의 객관적인 평가를 통해 자신의 모습을 돌아보는 기회로 삼아보도록 하자.

出師 출사
리더의 임무와 마음가짐

古者 國有危難 君 簡賢能而任之. 齊三日 入太廟 南面而立 將 北面.
고자 국유위난 군 간현능이임지. 재삼일 입태묘 남면이립 장 북면.

太師進鉞於君 君 持鉞柄以授將曰. "從此至軍 將軍 其裁之."
태사진월어군 군 지월병이수장왈. "종차지군 장군 기재지."

復命曰 "見其虛則進, 見其實則退.
복명왈 견기허즉진, 견기실즉퇴.

勿以身貴而賤人, 勿以獨見而違衆. 勿恃功能, 勿失忠信.
물이신귀이천인, 물이독견이위중. 물시공능, 물실충신.

士未坐 勿坐, 士未食 勿食. 同寒暑, 等勞逸, 齊甘苦, 均危患.
사미좌 물좌, 사미식 물식. 동한서, 등노일, 제감고, 균위환.

如此則 士必盡死, 敵必可亡."
여차즉 사필진사, 적필가망.

"옛날에 나라에 위태롭고 어려운 일이 있으면,
임금은 어질고 능력 있는 사람을 가려서 임무를 맡겼다.
사흘 동안 목욕재계하고 종묘에 들어가 남쪽을 보고 서면
장수는 북쪽을 향해 섰다.

태사가 도끼(지휘권의 상징)를 임금에게 바치면,
임금이 그 도끼자루를 잡고 장수에게 주며 말했다.
'이제부터 군사에 관한 모든 것은 장군이 결정하라.'
다시 명하여 말했다. '적의 허점을 보거든 나아가고,
견실함을 보거든 물러서라.
네가 귀하다 하여 남을 천하게 여기지 말고,
너 혼자만의 생각으로 대중의 의견을 거스르지 마라.
공과 능력을 믿지 말고, 충성과 신의를 잃지 마라.
병사들이 앉지 못했으면 앉지 말고,
병사들이 먹지 않았으면 먹지 마라.
춥고 더운 것을 함께하고, 수고로움과 편안함을 동등하게 여기며,
달콤함과 쓴맛을 같이하고, 위태로움과 어려움을 똑같이 나누어라.
이처럼 하면 병사들은 반드시 목숨을 다할 것이고,
적은 반드시 멸망할 것이다.'"

현대적 의미
리더에게 주어지는 권한과 책임의 무게

이 장은 리더십이 단순히 능력을 넘어선 엄숙한 임무임을 보여준다. 옛 군주가 장수에게 지휘권을 넘기는 의식은, 리더에게 막중한 권한과 함께 그에 따르는 무거운 책임이 있음을 상징한다.
제갈량은 리더가 반드시 지켜야 할 원칙들을 구체적으로 제시하

는데, 이는 오늘날의 리더들에게도 깊은 울림을 준다.

전략적 판단의 균형 : 리더는 객관적인 상황 판단을 통해 진퇴를 결정해야 한다. 자신의 능력에 대한 과신은 패착을 낳기 쉽다.

겸손과 소통 : 리더는 자신의 지위와 능력에 취해 오만해지지 않고, 팀원들의 의견을 경청해야 한다. 이는 독선적인 통솔력의 함정을 피하는 가장 중요한 방법이다.

성공과 신뢰 : 과거의 성공에 안주하거나 자신의 능력만을 믿지 말고, 팀원들과의 충성과 신의를 바탕으로 관계를 구축해야 한다.

솔선수범과 공감 : "병사들이 먹지 않으면 먹지 말라"는 가르침은 리더의 솔선수범과 동고동락의 중요성을 강조한다. 리더가 고통을 함께 나누고 팀원을 배려할 때, 팀원들은 진심으로 리더를 따르고 헌신하게 된다.

결국, 제갈량은 리더가 승리하기 위한 가장 확실한 방법은 뛰어난 전략이나 기술이 아니라 팀원들의 마음을 얻는 것이라고 말하고 있다. 리더의 진정한 힘은 개인의 능력에서 나오는 것이 아니라 팀원들의 헌신적인 노력을 끌어내는 데 있다는 것을 보여준다.

제갈량은 출정을 앞두고 「출사표」를 남겼다. 그것은 단순한 전쟁 준비를 마쳤음이 아니라 리더로서의 마음가짐을 드러낸 고백이었다.

그는 권력보다 책임을 먼저 생각했고, 명예보다 백성을 먼저 떠올렸다. 리더란 무엇을 이루는 사람이 아니라 책임을 짊어지는 사람이라는 사실을 그는 알고 있었다.

제갈량은 말했다.

"몸을 바쳐 충성을 다하고, 죽음으로써 임무를 완수하겠다."

오늘날에도 리더는 어떤 마음으로 세상에 나서는가를 먼저 물어야 한다.

나의 워크시트
나의 '출사표出師表'를 써보라

제갈량의 가르침을 통해, 우리는 리더의 역할이 얼마나 신성하고 중요한지를 배웠다. 이제 이 지혜를 우리 삶에 적용해 볼 시간이다.

생각해 보기

- 당신이 속한 조직에서 가장 어려운 문제에 직면했다고 가정해 보자. 이 상황에서 리더로서 당신은 '허와 실'을 어떻게 파악하고, '진퇴'를 어떻게 결정할 것인가?
- "나 자신이 귀하다 하여 남을 천하게 여기지 말라"는 가르침을 어떻게 실천할 수 있을까? 당신은 무심코 다른 사람을 존중하지 않았던 경험을 가지고 있지는 않은가?

- '동고동락同苦同樂'은 통솔력의 중요한 덕목이다. 당신은 팀원들의 어려움을 함께 나누고 있는가? 그들을 위해 어떤 노고를 기꺼이 감수할 수 있는가?

실천 과제

- 이번 주 안에 당신이 맡은 프로젝트나 업무의 '허와 실'을 분석하는 시간을 가져보자. (예: 프로젝트의 강점과 예상되는 어려움을 솔직하게 정리하기) 그리고 이를 팀원들과 공유하여 함께 해결책을 모색해 보자.
- '동고동락'의 마음으로, 당신의 팀원들을 위해 작은 희생을 감수하는 행동을 해보자. (예: 야근하는 팀원을 위해 간식을 사다 주거나 힘들어 하는 팀원의 이야기를 들어주는 등.)

智用 지용
지혜로운 리더의 조건

夫爲將之道 必順天, 因時, 依人 以立勝也.
부위장지도 필순천, 인시, 의인 이립승야.

故 天作 時不作而人作 是謂逆時.
고 천작 시부작이인작 시위역시.

時作 天不作而人不作 是謂逆天.
시작 천부작이인부작 시위역천.

天作 時作而人不作 是謂逆人.
천작 시작이인부작 시위역인.

智者 不逆天, 亦不逆時 亦不逆人也.
지자 불역천, 역불역시 역불역인야.

"무릇 장수(리더)의 도리는 반드시 하늘의 뜻에 순응하고, 때를 따르며,
사람에게 의지하여 승리(勝機)를 세우는 것이다.
그러므로 하늘은 도우나 때가 무르익지 않았는데 사람이 움직인다면,
이를 때를 거스른다(逆時)고 말한다.
때와 사람은 도우나 하늘이 돕지 않는다면,
이를 하늘을 거스른다(逆天)고 말한다.

하늘과 때가 도우나 사람이 움직이지 않는다면,

이를 사람을 거스른다(逆人)고 말한다.

지혜로운 사람은 하늘을 거스르지 않으며,

또한 때를 거스르지 않고, 또한 사람을 거스르지 않는다."

현대적 의미
성공을 이끄는 세 가지 조화

제갈량은 성공적인 리더십이 단순히 개인의 능력만으로 이루어지는 것이 아니라 세 가지 핵심 요소의 조화를 통해 완성된다고 강조한다. 바로 하늘(天), 때(時), 사람(人)이다. 이는 사업이나 프로젝트를 성공으로 이끄는 데 필요한 세 가지 조건을 의미한다.

하늘(天), 외부 환경과 운 : 이는 시장의 흐름, 경제 상황, 기술 발전 등 리더가 통제할 수 없는 거시적인 환경을 뜻한다. 지혜로운 리더는 이러한 환경을 정확히 파악하고, 무리하게 거스르려 하지 않는다.

때(時), 타이밍과 기회 : 이는 적절한 시점, 즉 타이밍을 의미한다. 아무리 좋은 아이디어라도 시기가 맞지 않으면 실패하기 마련이다. 그러므로 리더는 기회를 포착하는 능력을 가져야 한다.

사람(人), 팀원과 협력 : 이는 조직 구성원의 역량, 사기, 그리고 상호 신뢰를 뜻한다. 아무리 좋은 기회가 와도 함께할 사람이 없다면 성공할 수 없다.

제갈량은 이 세 가지 요소 중 어느 하나라도 부족할 때를 '거스름(逆)'이라고 정의하며 경고한다. 즉 리더는 이 세 가지를 통합적으로 고려하여 최적의 판단을 내려야 한다는 것이다. 하늘의 흐름(환경), 때의 기회(타이밍), 사람의 마음(팀워크)을 모두 아우르는 것이 진정한 지혜의 활용, 지용(智用)이다.

제갈량은 지혜를 단순한 지식이나 정보로 보지 않았다. 그는 지혜를 '쓸 줄 아는 능력'으로 정의했고, 그것이 리더의 품격을 결정짓는다고 믿었다.

지혜로운 리더는 상황을 꿰뚫어 보되, 감정을 다스리고, 판단을 실천으로 옮길 줄 안다. 아는 것보다 중요한 것은, 그것을 '어떻게 쓰는가?'이다.

제갈량은 말한다.
"지혜는 머리에만 머물러선 안 된다. 손과 발로 옮겨져야 한다."
오늘날에도 리더는 지혜를 행동으로 증명해야 한다.

나의 워크시트
나의 '지용智用'을 점검하라

제갈량의 가르침을 통해, 우리는 성공을 위한 세 가지 중요한 요소를 배웠다. 이제 이 지혜를 우리 삶에 적용해 볼 시간이다.

생각해 보기

- 당신이 최근에 추진했던 프로젝트나 업무에서 성공 혹은 실패의 원인을 분석해 보자. 제갈량이 말한 '하늘', '때', '사람' 중 어느 요소가 가장 큰 영향을 미쳤는가?
- 당신이 속한 조직은 '하늘'의 흐름(시장 변화)을 잘 읽고 있는가? '때'를 놓치고 있지는 않는가? '사람'의 마음은 하나로 모여 있는가?
- 당신이 팀원이라면 리더에게 어떤 조언을 해 주고 싶은가? '하늘', '때', '사람' 중 어떤 부분에 더 집중하면 좋겠다고 생각하는가?

실천 과제

- 이번 주 안에 당신의 업무와 관련하여 '하늘'(외부 환경)을 분석하는 시간을 가져보자. (예: 경쟁사의 최근 동향, 기술 트렌드 변화 등.) 이를 통해 당신의 업무에 적용할 새로운 아이디어를 하나 찾아보자.
- 당신이 믿고 의지하는 사람(멘토, 동료, 친구)과 함께 당신의 목표에 대해 이야기하고 조언을 구해보자. 당신의 '때'와 '사람'에 대한 통찰력을 키우는 기회로 삼아보자.

將試 장시
리더의 덕목과 시험

書曰 狃侮君子 罔以盡人心, 狃侮小人 罔以盡人力.
서왈 압모군자 망이진인심, 압모소인 망이진인력.

故 用兵之要 務攬英雄之心, 嚴賞罰之科, 總文武之道,
고 용병지요 무교영웅지심, 엄상벌지과, 총문무지도,

操剛柔之術, 說禮樂而 敦詩書, 先仁義而後智勇.
조강유지술, 열례악이 돈시서, 선인의이후지용.

靜若魚潛 動若奔獺, 散其所連, 而折其所强, 耀以旌旗, 戒以金鼓.
정약어잠 동약분달, 산기소련, 이절기소강, 요이정기, 계이금고.

退若山移 進如風雨, 擊崩若摧, 合戰如虎.
퇴약산이 진여풍우, 격붕약최, 합전여호.

迫而容之 利而誘之, 亂而取之, 卑而驕之, 親而離之, 强而弱之.
박이용지 이이유지, 난이취지, 비이교지, 친이리지, 강이약지.

有危者 安之, 有懼者 悅之, 有叛者 懷之, 有冤者 伸之.
유위자 안지, 유구자 열지, 유반자 회지, 유원자 신지.

有强者 抑之, 有弱者 扶之. 有謀者 親之, 有讒者, 覆之.
유강자 억지, 유약자 부지. 유모자 친지, 유참자, 복지.

獲財者 與之, 不倍兵以攻弱, 不恃衆而輕敵.
획재자 여지, 불배병이공약, 불시중이경적.

不傲才以驕人, 不以寵而作威. 先計而後動, 知勝而始戰.
불오재이교인, 불이총이작위. 선계이후동, 지승이시전.

得其財帛 不自使, 得其子女 不自使.
득기재백 부자사, 득기자녀 부자사.

將能若此 嚴號申令而人願鬪則, 共和刀接而人樂死矣.
장능약차 엄호신령이인원투즉, 공화도접이인낙사의.

"『서경書經』에 이르기를, "군자君子를 업신여기면
모든 사람의 마음을 얻을 수 없고,
소인小人을 업신여기면
그들의 힘을 다하게 할 수 없다"고 하였다.
그러므로 군사를 다루는 요체는, 힘써 영웅의 마음을 교란시키고,
상벌의 법규를 엄하게 하며, 문文과 무武의 도를 모두 갖추고,
강함과 부드러움의 기술을 부리며,
예악을 기뻐하고 시서를 돈독히 하며,
인의를 먼저하고 지혜와 용맹을 뒤로 한다.
고요히 있을 때는 물속에 잠긴 물고기와 같고, 움직일 때는
달리는 수달과 같이 하며,
연합한 무리는 흩뜨리고 강한 무리는 꺾으며,
깃발로 빛내고 징과 북으로 경계한다.
물러날 때는 산이 움직이듯 신중히 하고,

나아갈 때는 비바람처럼 빠르게 하며, 공격하여 무너뜨릴 때는
부러뜨리듯이 하고, 함께 싸울 때는 호랑이와 같이 한다.
급박하되 관용을 베풀고, 이익으로 유인하며,
혼란할 때 취하고,
스스로 낮추며 교만하게 만들고, 친한 듯 멀리하며,
강한 듯 약하게 만든다.
위태로운 자를 편안하게 하고, 두려워하는 자를 기쁘게 하며,
배반한 자를 회유하고, 억울한 자의 원한을 풀어준다.
강한 자는 억누르고, 약한 자는 돕는다.
꾀가 있는 자를 가까이 하고, 참소하는 자를 엎어버린다.
재물을 얻으면 자기 것으로 삼지 않고 나누어 주며,
남의 자녀를 얻으면 사사로이 부리지 않는다.
병력이 많다 하여 약한 상대를 함부로 치지 않고,
군사의 수를 믿어 적을 가볍게 여기지 않는다.
재주가 뛰어나다고 남에게 교만하게 굴지 않으며,
총애를 받았다고 위세를 부리지 않는다.
먼저 계획을 세운 후에 움직이고,
승리를 확신한 후에야 비로소 싸움을 시작한다.
재물을 얻으면 스스로 쓰지 않고,
남의 자녀를 얻으면 사사로이 부리지 않는다.
장수가 이와 같으면, 엄한 호령을 내릴 때
사람들이 기꺼이 싸우기를 원하고,
함께 칼날을 마주할 때 사람들이 죽음을 즐기게 될 것이다."

현대적 의미
진정한 리더십의 완성, 사람의 마음을 얻는 기술

제갈량은 이 장에서 리더가 갖춰야 할 모든 덕목을 총체적으로 제시하고 있다. 이는 단순히 전쟁 기술을 넘어 사람의 마음을 얻는 심리학적 리더십의 정수다. "군자를 업신여기면 마음을 얻을 수 없고, 소인을 업신여기면 힘을 얻을 수 없다"는 말은, 모든 사람을 존중하는 것이 리더십의 첫걸음임을 강조한다.

외강내유外剛內柔**의 조화** : 겉으로는 엄격한 상벌과 강한 추진력을 보이되, 내면으로는 부하들의 마음을 헤아리고 고충을 나누는 부드러움을 갖춰야 한다.

도덕과 실력의 균형 : 인의仁義를 앞세우고 지혜와 용맹智勇을 뒤에 두라는 가르침은, 리더의 기술적 역량보다 도덕적 품성이 우선임을 말한다. 이는 신뢰를 바탕으로 한 리더십이 얼마나 중요한지를 보여준다.

지혜로운 관계 설정 : 상대의 심리를 교묘하게 이용하면서도, 억울한 자를 돕고 약한 자를 보듬는 인간적인 면모를 동시에 갖춰야 한다. 이는 상황에 따라 유연하게 대처하는 리더의 지혜를 보여준다.

계획과 실천 : "먼저 계획한 후 움직이고, 승리를 확인한 후 싸운다"는 것은 감정에 치우치지 않는 냉철한 이성과 철저한 준비성의 중요성을 강조한다.

사심 없는 헌신 : 사적인 이익이나 권력욕을 버리고, 공동체를 위

해 헌신할 때 비로소 사람들의 진정한 존경과 헌신을 얻을 수 있다.

결론적으로, 제갈량은 진정한 리더십은 사람의 마음을 얻는 것이며, 그 힘은 부하들이 기꺼이 목숨까지 내놓을 수 있는 '총체적인 신뢰'에서 비롯된다는 것을 보여준다.

제갈량은 리더의 덕목을 말할 때, 그것이 시험을 거쳐야만 진짜가 된다고 강조했다. '지혜, 절제, 용기, 인내'라는 네 가지 덕목은 위기 앞에서 시험받는다. 평온한 시기에는 누구나 덕을 말할 수 있지만, 혼란 속에서도 그것을 지킬 수 있는 자만이 진정한 리더라고 할 수 있다.

제갈량은 말한다.
"장수는 시험을 견뎌야 덕이 드러나고, 덕이 드러나야 믿음을 얻는다."
오늘날에도 리더는 시험 앞에서 흔들리지 않는 중심을 가져야 한다.

나의 워크시트
나의 '장시將試'를 받아보라

제갈량의 가르침을 통해, 우리는 리더의 완성된 모습을 보았다.

이제 이 지혜를 우리 삶에 적용해 볼 시간이다.

생각해 보기

- 당신이 겪었던 리더십 경험 중 '너무 강한' 또는 '너무 부드러운' 모습 때문에 실패했던 사례가 있는가? 그때의 상황을 어떻게 '강함과 부드러움의 조화'로 바꿀 수 있었을까?
- 당신이 리더로서 가장 중요하게 생각하는 덕목은 '인의'와 '지용' 중 어느 것인가? 그리고 그 이유는 무엇인가?
- '엄한 호령을 내릴 때 사람들이 싸움을 원하게 만드는 리더'가 되려면 어떤 노력이 가장 필요할까?

실천 과제

- 이번 주 동안, 당신의 팀원이나 주변 동료들에게 당신의 '인仁'과 '의義'를 보여주는 행동을 한 가지 실천해 보자. (예: 억울한 동료를 옹호해 주기, 어려운 사람에게 먼저 손 내밀기 등.)
- 당신이 맡은 중요한 업무나 프로젝트에 대해 "계획한 후에 움직이고 승리를 확인한 후 시작한다"는 원칙을 적용해 보자. 시작하기 전에 예상되는 모든 변수를 철저히 분석하고 대안을 마련하는 시간을 가져보자.

"지혜는 머리에만 머물러선 안 된다.
손과 발로 옮겨져야 한다."

리더의 덕목은 위기 앞에서 시험받아야 진짜가 된다.
군자를 업신여기면 마음을 얻을 수 없고,
소인을 업신여기면 힘을 얻을 수 없다.
모든 사람을 존중하고 외강내유의 조화를 이루며
사심 없는 헌신을 할 때
진정한 신뢰를 얻는다.

CHAPTER 3

조직과 관계의 운영

사람 사이의 전장

조직은 전장이다.
하지만 그 전장은 칼과 창이 아니라 말과 감정,
신뢰와 배신이 오가는 곳이다.
제갈량은 조직을 좀먹는 해악과 해충을 경계하며,
인화人和의 중요성과 부하와의 관계를 강조한다.

이 테마는 리더가 조직을 어떻게 건강하게 유지하고,
관계를 어떻게 맺고 풀어야 하는지를 다룬다.
결국 조직의 힘은 사람 사이의 연결에서 나온다.
제갈량은 말했다.
"사람을 쓰되, 그 마음을 먼저 얻어야 한다."

將弊 장폐
리더가 경계해야 할 여덟 가지 해악

夫爲將之道 有八弊焉. 一曰 貪而無厭, 二曰 妬賢嫉能,
부위장지도 유팔폐언. 일왈 탐이무염, 이왈 투현질능,

三曰 信讒好佞, 四曰 日料彼不自料, 五曰 猶豫不自決,
삼왈 신참호녕, 사왈 일료피부자료, 오왈 유예부자결,

六曰 荒淫於酒色, 七曰 奸詐而自怯, 八曰 狡之而不以禮.
육왈 황음어주색, 칠왈 간사이자겁, 팔왈 교지이불이례.

"무릇 장수(리더)가 되는 길에는 여덟 가지 해악이 있다.
첫째는 탐욕을 부리고 만족할 줄 모르는 것이요,
둘째는 어진 이를 질투하고 능력 있는 이를 미워하는 것이고,
셋째는 험담을 믿고 아첨을 좋아하는 것이며,
넷째는 늘 남만 헤아리고 자신은 돌아보지 않는 것이고,
다섯째는 망설이고 주저하여 스스로 결단하지 못하는 것이며,
여섯째는 술과 여자에 빠져 헤어나지 못하는 것이고,
일곱째는 간사하고 속이면서도 스스로 겁을 내는 것이요,
여덟째는 교활하게 행동하면서도 예의를 지키지 않는 것이다."

현대적 의미
리더의 몰락을 부르는 여덟 가지 유혹

제갈량은 리더가 경계해야 할 내면의 적들을 명확히 짚어준다. 이 여덟 가지 해악은 오늘날의 리더들이 직면하는 실패의 원인과 정확히 일치한다. 조직을 성공으로 이끄는 리더는 이 유혹들을 뿌리치고 자신을 다스릴 줄 아는 사람이다.

끝없는 탐욕 : 자신의 이익만을 추구하다 조직의 가치와 신뢰를 무너뜨린다. 리더십의 근간을 해치는 해악이다.

질투와 미움 : 자신보다 뛰어난 사람을 시기하여 조직의 성장을 가로막는다. 유능한 인재를 포용하지 못하는 리더는 결국 고립된다.

아첨에 취하는 것 : 진실을 말하는 충신보다 달콤한 말을 하는 간신에게 의지하게 되면 현실을 직시하지 못해 잘못된 판단을 내리게 된다.

자기 성찰의 부재 : 남의 허물은 잘 보면서 자신의 단점은 보지 못한다. 이는 리더 스스로의 발전과 개선을 가로막는다.

결정 장애 : 중요한 순간에 우유부단하여 기회를 놓치고 위기를 키운다. 리더의 결단력 부족은 조직 전체의 불안감을 초래한다.

방탕한 생활 : 개인의 욕심에 빠져 본분을 잊고 조직의 존경을 잃게 된다. 리더의 문란한 생활은 조직 전체의 기강을 해이하게 만든다.

간사함과 겁쟁이 : 겉으로는 교활한 술수를 쓰지만, 정작 중요한

순간에는 용기를 내지 못한다. 이중적인 모습으로 인해 신뢰를 잃고, 결국 리더십의 힘을 잃게 된다.

교활함과 무례함 : 규칙과 예의를 무시하고 오로지 자신의 이익을 위해 교묘하게 행동한다. 이러한 태도는 조직의 질서를 파괴하고 모두의 반감을 사게 된다.

제갈량은 전장을 지휘하기에 앞서, 조직 내부의 병폐를 먼저 살폈다. 제갈량은 말한다.
"장수는 여덟 가지 해악을 경계하지 않으면, 군이 흩어지고 뜻이 무너진다."

'파벌, 아첨, 사치, 무능, 탐욕, 교만, 불신, 배신'과 같은 해악들은 조직을 안에서부터 썩게 만드는 독이다. 이것은 고금을 가리지 않는 진리다. 리더는 외부의 위협보다 먼저, 내부의 해악을 직시해야 한다. 그것은 사람 사이의 균열이며, 신뢰의 붕괴이며, 리더십의 침식이기 때문이다.

진정한 리더는 눈에 보이지 않는 위험을 먼저 감지하는 사람이다.

나의 워크시트
나의 '장폐將弊'를 고백하고 극복하라

제갈량의 가르침을 통해, 우리는 리더를 망치는 여덟 가지 해악을 배웠다. 이제 이 지혜를 우리 삶에 적용해 볼 시간이다.

생각해 보기

- 여덟 가지 해악 중, 당신이 가장 경계해야 할 한두 가지는 무엇인가? 솔직하게 스스로에게 물어보고 그 이유를 생각해 보자.
- 혹시 당신이 속한 조직의 리더에게서 이 여덟 가지 해악 중 일부가 보인다고 느낀 적이 있는가? 그로 인해 조직에 어떤 부정적인 영향이 나타났다고 생각하는가?
- 당신의 '결정 장애'나 '자기 성찰의 부재'를 극복하기 위해 어떤 구체적인 행동을 할 수 있을까?

실천 과제

- 이번 한 주 동안 당신이 가장 경계해야 할 '장폐'를 의식적으로 피하기 위한 노력을 해보자. 예를 들어, '아첨을 좋아하는 폐단'을 막기 위해 칭찬보다 솔직한 비판을 듣는 연습을 해보자.
- 매일 잠자리에 들기 전, 당신의 하루를 되돌아보며 "나는 오늘 스스로를 돌아보지 않았는지?" 혹은 "나는 오늘 우유부단하지 않았는지?"와 같은 질문을 던져보자. 작은 자기 성찰의 시간이 당신의 리더십 그릇을 키워줄 것이다.

軍蠹 군두
조직을 좀먹는 아홉 가지 해충

夫三軍之行, 有探候不審 烽火失度, 後期犯令 不應時機 阻亂師徒,

부삼군지행, 유탐후불심 봉화실도, 후기범령 불응시기 조란사도,

乍前乍後 不合金鼓, 上不恤下 歛削無度,

사전사후 불합금고, 상불휼하 염삭무도,

營私徇己 不恤饑寒 非言妖詞 妄陳禍福, 如事喧雜 驚惑將吏,

영사순기 불휼기한, 비언요사 망진화복, 여사훤잡 경혹장리,

勇不受制 專而凌上, 輕竭府庫 擅給基財.

용불수제 전이능상, 경갈부고 천급기재,

此九者 三軍之蠹, 有之必敗也.

차구자 삼군지두 유지필패야.

"무릇 삼군을 운용할 때, 첩보를 살피는 것이
자상하지 못해 봉화가 법도를 어기거나,
시기를 놓쳐 명령을 어기고 때에 응하지 못해
군대의 무리를 어지럽히거나,
마음대로 앞서거나 뒤쳐져서 진군과 퇴각의 신호(징과 북)에
맞추지 못하거나,

윗사람이 아랫사람의 고충을 보살피지 않고

지나치게 거두어들이거나,

사사로운 이익만을 좇고

부하의 배고픔과 추위를 돌보지 않거나,

바르지 못한 말과 요사스러운 말로

망령되게 화(禍)와 복을 늘어놓거나,

일에 소란스럽고 잡다하여

장수와 부하들을 현혹시키거나,

용맹만 믿고 통제를 받지 않아

오로지 윗사람을 능멸하거나,

함부로 국고를 탕진하여 재물을 멋대로 나누어준다.

이 아홉 가지는 삼군(조직)을 좀먹는 해충으로,

이 중 하나라도 있으면 반드시 패하게 된다."

현대적 의미
조직의 실패를 부르는 아홉 가지 '좀'

　제갈량은 조직의 내면을 파괴하는 아홉 가지 유형의 인물과 행태를 '좀(蠹)'에 비유한다. 겉으로는 보이지 않지만 서서히 조직의 기반을 무너뜨리는 이 해악들은 현대의 모든 조직에서도 쉽게 찾아볼 수 있다.

　이 아홉 가지 해악은 리더와 구성원이 모두 경계해야 할 태도다.

정보 부족과 판단 오류 : 불확실한 정보로 잘못된 판단을 내리는 것은 조직을 위험에 빠뜨린다.

타이밍과 원칙의 부재 : 정해진 규율을 무시하고, 적절한 시기를 놓쳐서 조직의 질서를 어지럽힌다.

독단적인 행동 : 팀원들과 협력하지 않고 독단적으로 행동하며, 공동의 목표와 신호를 무시한다.

권력 남용과 착취 : 자신의 지위를 이용해 부하들을 지나치게 억압하거나 이익을 빼앗는다.

사적 이익 추구 : 공적인 업무보다 개인적인 이익을 우선하며, 팀원들의 복지와 어려움을 외면한다.

가짜 정보 유포 : 허위 사실이나 근거 없는 소문으로 사람들을 현혹시켜 신뢰를 파괴한다.

혼란 조장 : 경솔한 말과 행동으로 조직 내에 불필요한 혼란과 불안을 야기한다.

규율 무시와 반항 : 자신의 능력을 과신하여 조직의 규율을 따르지 않고 윗사람에게 반항한다.

재정적 무능 : 조직의 자원을 함부로 낭비하거나, 사적으로 유용하여 재정적인 위기를 초래한다.

제갈량은 이 아홉 가지 해악들 중 하나라도 해당된다면 조직은 반드시 실패한다고 경고한다. 이는 한두 명의 '좀'이 전체 조직을 무너뜨릴 수 있다는 강력한 메시지다. 리더는 이러한 '좀'을 철저히 감시하고 제거해야 할 의무가 있다.

제갈량은 전쟁의 승패를 결정짓는 것은 단지 병력의 수나 전략의 정교함이 아니라고 보았다.

제갈량은 말한다.

"군을 좀먹는 해충이 있으면, 아무리 강한 군대라도 무너진다."

제갈량이 말한 '군두軍蠹'는 단순한 개인의 결함이 아니다. 조직의 깊은 곳에서 자라나는 '부패, 무기력, 불신, 무질서, 아첨, 탐욕, 교만, 편견, 무책임'이라는 이 아홉 가지 해충은 리더가 보지 못하는 사이에 조직을 병들게 한다.

이들은 조용히 침투하고, 서서히 확산되며, 결국 조직의 근간을 흔든다. 제갈량은 이 해충들을 하나하나 짚어내며, 리더가 반드시 경계해야 할 내면의 적을 경고하고 있다.

오늘날의 기업, 공동체, 팀에서도 이 해충들은 여전히 살아 움직이고 있다. 진정한 리더는 외부의 경쟁보다 먼저, 내부의 병을 직시할 수 있어야 한다.

나의 워크시트
나의 '군두軍蠹'를 제거하라

제갈량의 가르침을 통해, 우리는 조직을 파괴하는 아홉 가지 해악을 배웠다. 이제 이 지혜를 우리 삶에 적용해 볼 시간이다.

생각해 보기

- 당신이 속한 조직(회사, 팀, 모임 등)에서 제갈량이 말한 아홉 가지 '좀' 중 가장 심각한 것은 무엇이라고 생각하는가?
- 당신은 혹시 무의식적으로 이 아홉 가지 '좀' 중 하나라도 행하고 있지는 않았는가? (예: 검증되지 않은 소문을 퍼뜨린 적, 사적인 이익을 위해 공적인 일을 소홀히 한 적은 있는지 등.)
- '나 자신의 좀'을 제거하기 위해 가장 먼저 어떤 노력을 할 수 있을까?

실천 과제

- 이번 주 동안, 당신이 속한 조직에서 '좀'이라고 느껴지는 사람의 행동을 하나 관찰해 보고, 그 행동이 조직에 어떤 부정적인 영향을 미치는지 분석해 보자.
- 당신이 '사적인 이익'과 '공적인 책임' 사이에서 갈등하는 순간이 생긴다면, 공적인 책임을 우선하겠다는 구체적인 다짐을 한 가지 세워보자.

和人 화인
인화人和의 중요성

夫用兵之道 在於人和. 和則不勸而 自戰矣.

부용병지도 재어인화. 화즉불권이 자전의.

若將吏相猜, 士卒不服, 忠謀不用, 羣下謗議,

약장리상시, 사졸불복, 충모불용, 군하방의,

讒慝互生 雖有湯武之智 而不取勝於匹夫, 況衆人乎.

참특호생 수유탕무지지 이불취승어필부, 황중인호.

"무릇 군사를 운용하는 도리는 인화人和에 달려 있다.
인화가 이루어지면 (굳이) 권장하지 않아도 스스로 싸우게 된다.
만약 장수와 관리가 서로 시기하고,
병사들이 복종하지 않으며,
충성스러운 계책이 쓰이지 않고,
아랫사람들이 서로 비방하고,
헐뜯고 간사한 무리가 서로 생겨난다면,
비록 탕왕이나 무왕과 같은 지혜가 있다 해도
한 사람의 필부도 이기지 못할 것인데,
하물며 여러 사람을 대함에 있어서야 어떠하겠는가?"

현대적 의미
팀워크가 모든 것을 결정한다

제갈량은 이 장에서 조직의 단합과 팀워크가 성공의 가장 중요한 요소라고 단언한다. 그는 아무리 뛰어난 리더의 지혜와 전략이 있어도, 조직 내부가 분열되어 있다면 결국 실패할 수밖에 없다고 경고한다.

'인화人和'는 모든 문제를 해결하고, 어떤 위기도 극복할 수 있는 근본적인 힘이다.

자발적인 헌신의 힘 : "인화가 이루어지면 권장하지 않아도 스스로 싸운다"는 말은, 훌륭한 팀워크는 외부적인 동기부여(상벌) 없이도 구성원들을 움직이게 한다는 것을 의미한다. 팀원들이 서로 신뢰하고 하나의 목표를 향해 나아갈 때, 그들의 잠재력은 극대화된다.

조직 내부의 갈등 : 제갈량은 조직의 분열을 초래하는 다섯 가지 요소를 지적한다.

리더들 간의 불화 : 리더들이 서로 시기하고 불신하면, 팀원들도 혼란에 빠진다.

복종하지 않는 구성원 : 리더에 대한 신뢰를 잃으면 팀원들은 명령을 따르지 않게 된다.

충언의 부재 : 진실을 말하는 사람의 목소리가 무시되면, 리더는 현실을 외면하고 잘못된 결정을 내리게 된다.

비방과 불만 : 조직 내에 서로를 비방하고 불평하는 문화가 퍼지

면, 사기가 떨어지고 팀워크가 무너진다.

간신들의 득세 : 아첨과 이간질로 이익을 얻으려는 사람들이 생겨나면, 조직 전체가 부패하게 된다.

개인의 능력을 무력화하는 분열 : 제갈량은 탕왕과 무왕처럼 뛰어난 지혜를 가졌더라도, 이러한 내부 분열이 있다면 한 사람의 필부도 이기지 못한다고 말한다. 이는 개인의 능력이 아무리 뛰어나도, 팀워크가 없다면 아무런 의미가 없다는 것을 강력하게 경고하는 것이다.

결론적으로, 제갈량은 진정한 리더는 사람의 마음을 하나로 모으고, 모두가 같은 목표를 향해 나아가는 '인화人和'의 리더십을 갖추어야 한다고 말하고 있다.

제갈량은 수많은 전략과 병법을 펼치면서도, 가장 먼저 강조한 것은 '사람의 마음을 얻는 것'이었다.

제갈량은 이렇게 말했다.

"천시天時보다 지리地利가 낫고, 지리보다 인화人和가 낫다."

'인화'는 단순한 협력이나 친목이 아니다. 그것은 서로를 이해하고, 존중하며, 함께 뜻을 이루는 힘이다. 조직이 흔들릴 때, 팀이 분열될 때, 가장 먼저 무너지는 것은 '사람 사이의 신뢰'다.

제갈량은 그 신뢰를 지키는 것이야말로 가장 강력한 전략이라고 보았다.

오늘날의 리더 역시, 성과나 기술보다 먼저 사람의 마음을 살펴야 한다. 갈등을 조율하고, 다름을 포용하며, 함께 나아갈 수 있는 '인화의 리더십'이야말로 혼란한 시대를 이끄는 가장 단단한 힘이 된다.

나의 워크시트
나의 '인화人和' 상태는?

제갈량의 가르침을 통해, 우리는 팀워크와 인화의 중요성을 배웠다. 이제 이 지혜를 우리 삶에 적용해 볼 시간이다.

생각해 보기

- 당신이 속한 팀이나 조직의 분위기는 '인화'가 잘 이루어진 상태인가? '서로 시기하고 비방하는' 모습은 없었나?
- 당신은 팀의 '인화'를 위해 어떤 노력을 해왔나? (예: 팀원의 의견을 경청하기, 갈등 해결에 나서기 등.)
- '권장하지 않아도 스스로 싸움에 나서는' 팀을 만들려면, 리더로서 가장 먼저 어떤 노력을 해야 한다고 생각하는가?

실천 과제

- 이번 주 안에, 당신의 팀원들과 함께 '인화'를 위한 작은 활동을 하나 제안해 보자. (예: 점심식사 함께하기, 커피타임 갖기 등.)
- 당신의 팀에서 '비방'이나 '시기'의 징조가 보인다면, 그 원인을 파악하고 긍정적인 방향으로 전환할 수 있는 방법을 고민해 보자.

勵士 여사
부하를 격려하는 다섯 가지 방법

夫用兵之道, 尊之以爵, 贍之以財則 士無不至矣.
부용병지도, 존지이작, 섬지이재즉 사무부지의.

接之以禮, 勵之以信則 士無不死矣.
접지이례, 려지이신즉 사무불사의.

蓄恩不倦, 法若劃一則 士無不服矣.
축은불권, 법약획일즉 사무불복의.

先之以身, 後之以人則 士無不勇矣.
선지이신, 후지이인즉 사무불용의.

小善必錄, 小功必賞則 士無不勸矣.
소선필록, 소공필상즉 사무불권의.

"무릇 군사를 쓰는 도리는, 높여 주되 벼슬로 하고,
넉넉하게 하되 재물로 한다면, 병사들이 오지 않을 리가 없다.
대접하되 예의로 하고 격려하되 신뢰로 한다면,
병사들이 목숨을 바치지 않을 리가 없다.
은혜를 쌓기를 게을리 하지 않고 법이 낮과 같이 한결같다면,
병사들이 복종하지 않을 리가 없다.

먼저 하되 자기 몸으로 하고 뒤에 하되 남으로 한다면,
병사들이 용맹하지 않을 리가 없다.
작은 선행도 반드시 기록하고 작은 공이라도 반드시 상을 준다면,
병사들이 노력하지 않을 리가 없다."

현대적 의미
동기부여의 다섯 가지 핵심 원칙

제갈량은 이 장에서 구성원들에게 동기를 부여하고 사기를 높이는 방법에 대해 구체적으로 제시하고 있다. 그는 단순히 상과 벌을 넘어 리더가 어떤 태도로 팀원들을 대해야 하는지 다섯 가지 핵심 원칙을 통해 설명한다. 이는 오늘날의 조직에서도 인력관리와 동기부여에 대한 중요한 통찰을 제공한다.

공정한 보상(높여주고 넉넉하게 하라) : 리더는 팀원들의 노고에 대해 정당한 보상을 제공해야 한다. 금전적인 보상은 물론, 직위나 역할에 대한 인정을 통해 팀원들에게 안정감과 소속감을 부여해야 한다.
존중과 신뢰(예의로 대하고 신뢰로 격려하라) : 리더는 팀원들을 존중하는 태도를 보여야 한다. 이는 단순한 예의를 넘어 약속을 지키고, 그들의 능력과 잠재력을 믿어주는 신뢰를 의미한다. 신뢰를 바탕으로 한 격려는 팀원들이 기꺼이 헌신하게 만든다.
일관된 원칙(은혜를 쌓고 법을 한결같이 하라) : 리더의 일관된 태도는 팀

원들에게 예측 가능성과 안정감을 준다. 작은 은혜를 꾸준히 베풀고, 공정한 규칙을 흔들림 없이 적용할 때, 팀원들은 리더의 권위를 인정하고 따르게 된다.

솔선수범(먼저 하되 내 몸으로 하라) : 리더는 어려운 일이 있을 때 가장 먼저 나서고, 성과는 팀원들에게 돌리는 희생정신을 보여야 한다. 이는 팀원들에게 용기와 모범을 보여주어, 그들 역시 리더를 위해 기꺼이 헌신하게 만든다.

작은 성과 인정(작은 선행이라도 반드시 기록하고 상을 주라) : 작은 성과를 무시하지 않고 인정해 주는 것은 팀원들의 사기를 높이는 가장 효과적인 방법이다. 작은 성공이 쌓여 큰 성공이 된다는 것을 모두가 깨닫게 될 때, 팀 전체의 노력이 배가된다.

결론적으로, 제갈량은 리더가 부하들을 소중히 여기고, 그들의 노력에 대해 정당하게 보상하며, 스스로 모범을 보일 때, 진정으로 강한 조직을 만들 수 있다고 말하고 있다.

제갈량은 병사들을 단지 '지휘 대상'으로 보지 않았다.

제갈량은 말한다.

"장수는 병사의 마음을 얻어야 비로소 군을 움직일 수 있다."

제갈량은 전장에서 수많은 병사들의 마음을 다독이며, 그들이 스스로 싸우고자 하는 힘을 끌어냈다.

'여사勵士'는 바로 그 마음을 움직이는 다섯 가지 방법을 담고 있다. '칭찬, 신뢰, 공감, 모범, 보상'의 다섯 가지는 단순한 기술이 아니라 사람을 대하는 태도이다.

구성원의 마음을 얻지 못하면 조직은 움직이지 않는다. 성과는 지시가 아니라 격려에서 비롯된다. 제갈량은 그 격려의 기술을 병법 속에 담아, 리더가 반드시 갖춰야 할 덕목으로 남겼다.

나의 워크시트
나는 '여사勵士'의 리더인가?

여사勵士의 가르침을 통해, 우리는 팀원들의 사기를 높이는 다섯 가지 원칙을 배웠다. 이제 이 지혜를 우리 삶에 적용해 볼 시간이다.

생각해 보기

- 당신이 속한 팀의 리더십은 제갈량이 말한 다섯 가지 원칙 중 어떤 것에 가장 가깝다고 생각하나?
- "작은 선행이라도 반드시 기록하고 상을 준다"는 원칙을 당신의 삶에 어떻게 적용할 수 있을까? (예: 가족의 작은 도움에 감사 표현하기, 동료의 작은 노력을 칭찬하기 등.)

당신이 리더라면, 당신이 직접 솔선수범할 수 있는 가장 시급한 '어려운 일'은 무엇인가?

실천 과제

- 이번 주 안에 당신의 팀원이나 동료의 작은 성과라도 찾아내 진심으로 칭찬해 주자. 가능하다면, 그 칭찬을 공개적인 자리에서 표현하여 모두가 알 수 있도록 해보자.
- 당신의 팀이나 조직의 '불명확한 법'이나 '일관성 없는 규칙'을 한 가지 찾아내고, 그것을 명확히 할 수 있는 아이디어를 리더에게 제안해 보자.

聞哀死 문애사
부하의 슬픔을 함께하는 리더

古之善將者 養人 如養己子, 有難則以身先之, 有功則以身後之.
고지선장자 양인 여양기자, 유난즉이신선지, 유공즉이신후지.

死者 哀而葬之, 傷者 泣而撫之.
사자 애이장지, 상자 읍이무지.

飢者 捨食而食之, 寒者 解衣而衣之.
기자 사식이사지, 한자 해의이의지.

智者 禮而祿之, 勇者 賞而勸之. 將能若此 所向必捷矣.
지자 예이록지, 용자 상이권지. 장능약차 소향필첩의.

"옛날에 훌륭한 장수는 사람을 기르기를 자기 자식을 기르듯 하여,
어려움이 있을 때는 자신이 먼저 앞장서고,
공이 있을 때는 자신이 뒤에 물러난다.
죽은 자는 슬퍼하며 장사 지내고,
다친 자는 눈물을 흘리며 어루만져 준다.
배고픈 자는 자신의 밥을 나누어 먹이고,
추위에 떠는 자는 자신의 옷을 벗어 입힌다.
지혜로운 자에게는 예의를 갖추고 녹봉을 주며,

용맹한 자에게는 상을 주어 격려한다.
장수가 능히 이와 같이 한다면, 나아가는 곳마다 반드시 승리할 것이다."

현대적 의미
진정한 리더십은 '따뜻한 마음'에서 나온다

제갈량은 이 장에서 가장 이상적인 리더십의 모습을 '부성애父性愛'에 비유한다. 그는 리더가 단순히 명령만 내리는 존재가 아니라 부하들의 고통과 기쁨을 함께 나누는 따뜻한 마음을 가져야 한다고 강조한다. 이러한 마음은 강한 조직의 기반이 되어 어떤 어려움도 이겨낼 수 있는 힘을 만들어낸다.

솔선수범과 겸손 : 리더는 위험이 있을 때 가장 먼저 나서고, 공적이 있을 때는 가장 뒤로 물러나는 솔선수범의 자세를 보여야 한다. 이는 팀원들에게 신뢰와 존경을 얻는 가장 확실한 방법이다.
공감과 배려 : 죽은 자의 슬픔을 함께하고, 다친 자를 어루만지며, 배고프고 추운 자를 자신의 것으로 보살피는 것은 리더의 공감능력과 희생정신을 보여준다. 이러한 리더는 팀원들에게 진심을 전하고, 그들의 헌신을 이끌어낼 수 있다.
적절한 보상과 격려 : 지혜로운 자에게는 정당한 보상을, 용맹한 자에게는 칭찬과 격려를 아끼지 않는 리더는 조직의 사기를 높이고, 인재들이 자신의 능력을 최대한 발휘하도록 동기를 부여한다.

결론적으로, 제갈량은 뛰어난 전략이나 강력한 힘보다 부하들을 내 자식처럼 아끼는 리더의 따뜻한 마음이 결국 조직의 승리를 이끄는 궁극적인 힘이라고 말하고 있다.

제갈량은 전장을 지휘하면서도, 병사 한 사람의 슬픔을 외면하지 않았다. 제갈량은 말한다.
"부하의 죽음을 듣고 슬퍼하지 않는다면, 어찌 그들의 마음을 얻을 수 있겠는가."
'문애사聞哀死'는 단순한 애도의 표현이 아니다. 그것은 리더가 사람의 고통을 함께 짊어지는 자세이며, 슬픔을 나누는 순간에 진정한 신뢰가 싹트는 리더십의 본질이다.
오늘날의 조직에서도, 구성원의 상실과 아픔을 외면하는 리더는 마음을 잃는다. 성과보다 먼저, 사람의 감정을 이해하고 공감하는 리더가 진정한 공동체를 이끌 수 있다.
제갈량은 병사의 죽음을 애도하며, 그 가족을 위로하고, 슬픔을 함께 나누는 리더의 도리를 병법 속에 새겨두었다.

나의 워크시트
나의 '따뜻한 리더십'을 점검하라

제갈량의 가르침을 통해, 우리는 따뜻한 마음이 진정한 리더의 힘임을 배웠다. 이제 이 지혜를 우리 삶에 적용해 볼 시간이다.

생각해 보기

- 당신은 팀원들의 기쁨과 슬픔을 함께 나누고 있는가? 혹시 그들의 어려움을 외면하고 있지는 않았는가?
- 당신이 리더라면, 공이 있을 때 그 공을 팀원들에게 먼저 돌리고 있는가? 아니면 스스로의 공로를 내세우고 있지는 않은가?
- 당신의 팀원 중, 최근에 지혜나 용맹을 발휘한 사람이 있는가? 그를 어떻게 칭찬하고 보상해 줄 수 있을까?

실천 과제

- 이번 주 안에 당신의 팀원 한 명에게 따뜻한 마음을 전하는 작은 행동을 해보자. (예: 힘들었던 일을 공감하며 들어주기, 예상치 못한 작은 선물 전달하기 등.)
- 당신이 맡은 일에서 성공을 거두었을 때, 그 성공의 공로를 당신의 팀원들에게 돌리는 구체적인 방법을 한 가지 실행해 보자.

整師 정사
조직 정비의 중요성

夫出師行軍 以整爲勝. 若賞罰不明, 法令不信,
부출사행군 이정위승. 약상벌불명, 법령불신,

金之不止, 鼓之不進, 雖有百萬之師 無益於用.
금지부지, 고비부진, 수유백만지사 무익어용.

所謂整師者 居則有禮, 動則有威, 進不可當, 退不可逼.
소위정사자 거즉유례, 동즉유위, 진불가당, 퇴불가핍.

前後應按, 左右應旄 與之安 而不與之危,
전후응안, 좌우응모 여지안 이불여지위,

其衆 可合而 不可離, 可用而 不可疲矣.
기중 가합이 불가이, 가용이 불가피의.

"무릇 군대를 출정하여 운용함에 있어서
정비된 조직 이 곧 승리의 기반이다.
만약 상벌이 분명하지 않거나, 법령이 신뢰할 수 없거나,
징을 쳐도 멈추지 않고, 북을 쳐도 나아가지 않는다면,
비록 백만의 군사가 있다 해도 쓸모가 없다.
이른바 '정비된 군대'란, 평소에 예의가 있고,

움직일 때 위엄이 있으며,

나아갈 때는 막을 수 없고,

물러날 때는 (적이) 핍박할 수 없는 것이다.

앞뒤가 서로 호응하고, 좌우가 깃발에 맞추어 움직여

함께 편안함을 나누고, 위태로움은 함께 나누지 않으면,

그 무리는 합칠 수는 있어도 떠날 수는 없을 것이며,

쓸 수 있으되 피로하지 않을 것이다."

현대적 의미
조직의 효율성과 응집력

제갈량은 이 장에서 조직의 정비(整師)가 리더십의 가장 중요한 요소라고 강조한다. 그는 '정비되지 않은 백만 군대'는 쓸모가 없다고 말하며, 이는 아무리 많은 자원과 인력이 있어도 시스템과 규율이 없으면 무용지물이라는 것을 의미한다.

세 가지 핵심 요소

명확한 상벌과 법령 : 공정하고 예측 가능한 시스템이 있어야만 구성원들이 무엇을 해야 하고, 무엇을 피해야 하는지 알 수 있다.

일사불란한 소통 : 징과 북에 맞춰 움직이는 군대처럼 조직 내 소

통과 지시가 명확하고 일관적이어야 한다.

내면의 규율 : "거居한즉 예가 있고, 동動한즉 위엄이 있다"는 것은 구성원들이 내재된 규율과 책임감을 가지고 행동해야 함을 의미한다.

안전과 위기의 리더십 : "안전은 함께 나누고 위태로움은 함께 나누지 않는다"는 구절은 언뜻 모순적으로 보인다. 하지만 이는 리더가 팀원들을 안전하게 보호하여 자유로운 성장을 보장하고, 위협적인 환경은 리더 스스로가 막아내야 함을 의미한다. 이러한 리더십은 구성원들에게 심리적 안정감을 주어 더욱 단단한 조직을 만든다.

결론적으로, 제갈량은 진정한 리더십은 조직의 내부 시스템과 규율을 정비하여 구성원들이 믿고 따를 수 있는 환경을 만들고, 그들의 안전을 보장하는 데서 나온다고 말하고 있다.

제갈량은 전쟁을 준비할 때 가장 먼저 한 일이 '군을 정비하는 것'이었다.

제갈량은 말한다.

"군이 정돈되지 않으면, 전략은 헛되고, 명령은 흩어진다."

'정사整師'는 단순한 정리정돈이 아니다. 그것은 흐트러진 질서를 바로잡고, 각자의 역할을 명확히 하며, 조직 전체가 하나의 방향으로 움직일 수 있도록 만드는 리더의 통찰이다.

오늘날의 조직에서도, 정비되지 않은 구조는 혼란을 낳고, 혼란은 곧 신뢰의 붕괴와 성과의 저하로 이어진다. 리더는 먼저 구조를 점검하고, 흐름을 정리하며, 사람들이 제자리를 찾을 수 있도록 돕는 '질서의 설계자'가 되어야 한다.

제갈량은 병법 속에 그 정비의 원칙을 담아, 조직을 움직이는 리더의 첫걸음을 '정사'로 남겼다.

나의 워크시트
나의 조직은 '정비'되어 있는가?

제갈량의 가르침을 통해, 우리는 조직 정비의 중요성을 배웠다. 이제 이 지혜를 우리 삶에 적용해 볼 시간이다.

생각해 보기

- 당신이 속한 팀이나 조직의 상벌 시스템은 '명확하고 믿을 만한가?' 그렇지 않다면 어떤 문제가 있다고 생각하는가?
- "징을 쳐도 멈추지 않고, 북을 쳐도 나아가지 않는다"는 말이 당신의 팀에도 해당되는가? 팀원들이 지시를 따르지 않는다면 그 원인은 무엇이라고 생각하는가?
- "함께 편안함을 나누고 위태로움은 함께 나누지 않는다"는 리

더십 원칙을 당신의 삶에 어떻게 적용할 수 있을까?

실천 과제

- 이번 주 안에 당신의 팀에서 가장 불명확한 규칙이나 절차 하나를 찾아내고, 그것을 명확하게 개선하는 노력을 해보자.
- 당신의 팀원 중 한 명이 힘들어할 때, 그의 고통을 함께 나누는 것을 넘어 그 어려움이 팀 전체에 미치는 영향을 최소화하기 위한 구체적인 방법을 찾아내고 실행해 보자.

CHAPTER 4

전략과 판단의 지혜

지혜는 싸움보다 깊다

제갈량의 병법은 단순한 전술이 아니다.
그는 싸우지 않고 이기는 법, 위기를 대비하는 법,
기회를 포착하는 법을 가르친다.

이 테마는 리더가 전략적으로 사고하고, 상황을 판단하며,
승패의 흐름을 읽는 능력을 키우는 데 집중한다.
싸움은 피할 수 없지만, 싸움의 방식은 선택할 수 있다.
지혜로운 리더는 싸움보다 먼저 생각한다.
제갈량은 말한다.
"싸우지 않고 이기는 것이 최상의 병법이다."

不陣 부진
진정한 승리는 싸우지 않는 데 있다

古之善理者 不師, 善師者 不陣, 善陣者 不戰,
고지선리자 불사, 선사자 부진, 선진자 부전,

善戰者 不敗, 善敗者 不亡.
선전자 불패, 선패자 불망.

昔者 聖人之致理也 安其居,
석자 성인지치리야 안기거,

樂其業 人至老 不相攻伐, 可謂善理者 不師.
낙기업 인지로 불상공벌, 가위선리자 불사.

舜修典刑, 皐陶作士師 人不干令, 刑無可施 可謂善師者 不陣.
순수전형, 고요작사사 인불간령, 형무가시 가위선사자 부진.

若禹伐有苗, 舜舞干羽而苗民格 可謂善陣者 不戰.
약우벌유묘, 순무간우이묘민격 가위선진자 부전.

齊桓 南服强楚 北伐山戎, 可謂善戰者 不敗.
제환 남복강초 북벌산융, 가위선전자 불패.

楚昭 遭禍 奔秦請救 卒能返國, 可謂善敗者 不亡矣.
초소 조화 분진청구 졸능반국. 가위선패자 불망의.

"옛날에 다스리기를 잘하는 사람은 군사를 쓰지 않고,
훌륭한 군사는 진을 치지 않았으며,
진을 잘 치는 사람은 전투를 하지 않고,
전투를 잘하는 사람은 패배하지 않았으며,
패배를 잘하는 사람은 망하지 않았다.
옛날에 성인聖人이 나라를 잘 다스릴 때에는,
백성들이 그들의 삶을 편안히 여기고 생업을 즐거워하여
늙도록 서로 싸우지 않았다.
이를 '다스리기를 잘하는 사람은 군사를 쓰지 않는다'고 할 수 있다.
순舜임금이 제도와 법을 정돈하고,
고요(皐陶)가 재판관이 되어
백성들이 법을 어기지 않아 형벌을 쓸 데가 없었으니,
이를 '군사를 잘 쓰는 사람은 진을 치지 않는다'고 할 수 있다.
우禹임금이 유묘有苗를 정벌하고,
순舜임금이 방패와 깃털로 춤을 추자
묘나라 백성이 교화되어 복종한 것과 같으니,
이를 '진을 잘 치는 사람은 싸우지 않는다'고 할 수 있다.
제환공은 남쪽으로 강한 초나라를 복종시키고
북쪽으로 산융을 정벌하였으니,
이를 '싸움을 잘하는 사람은 패배하지 않는다'고 할 수 있다.
초나라 소왕은 재난을 당하여 진秦나라로 도망가
도움을 청해 마침내 나라를 되찾았으니,
이를 '패배를 잘 활용하는 사람은 망하지 않는다'고 할 수 있다."

현대적 의미
궁극의 리더십, '싸우지 않고 이기는 것'

제갈량은 이 장에서 가장 이상적인 리더십의 단계적 발전을 제시한다. 그는 '싸우지 않고 이기는 것'이 진정한 지혜라고 말하며, 이는 문제의 근본적인 원인을 해결하고, 구성원들의 마음을 얻어내는 것에 비유할 수 있다. 각 단계는 현대사회의 리더십 모델과 놀랍도록 닮아 있다.

군사를 쓰지 않는다(不師) : 가장 높은 단계의 리더십은 아예 갈등이 발생하지 않도록 시스템을 구축하고 문화를 조성하는 것이다. 이는 백성들이 스스로 평화롭게 살 수 있도록 만든 성인의 통치처럼, 조직원들이 서로 협력하며 즐겁게 일할 수 있는 환경을 만드는 것이다.

진을 치지 않는다(不陣) : 갈등이 발생할 조짐이 보일 때, 싸움을 하기 전에 사전예방과 관리를 통해 갈등 자체를 무마하는 능력이다. 이는 법과 제도로 질서를 유지하여 갈등의 불씨를 제거한 순舜임금의 지혜와 같다.

싸우지 않고 이긴다(不戰) : 불가피하게 갈등 상황이 벌어졌을 때, 직접적인 충돌 없이 지혜로운 전략을 통해 상대를 굴복시키는 능력이다. 이는 무력武力이 아닌 문화(文治)로 적을 교화시킨 순舜임금의 경우와 같이, 설득과 협상, 뛰어난 비전 제시 등으로 경쟁자를 압도하는 것이다.

패배하지 않는다(不敗) : 경쟁 상황에서 반드시 승리하는 능력이다. 철저한 준비와 뛰어난 전술로 경쟁자를 압도하며, 이는 제환공이 강한 적을 굴복시킨 것과 같다.

망하지 않는다(不亡) : 만약 패배했더라도, 모든 것을 잃지 않고 다시 일어설 수 있는 회복탄력성을 갖추는 것이다. 이는 초나라 소왕이 위기 속에서 나라를 되찾은 것처럼, 실패를 통해 배우고 재기할 수 있는 힘을 의미한다.

결론적으로, 제갈량은 진정한 리더가 갖춰야 할 역량은 힘과 싸움이 아니라 갈등을 예방하고 해결하며, 궁극적으로는 사람들의 마음을 얻는 것이라고 말하고 있다.

제갈량은 전쟁의 대가였지만, 싸움을 피하는 데 더 큰 지혜가 있다고 믿었다.

제갈량은 말한다.

"최고의 전략은 싸우지 않고 이기는 것이다."

'부진不陣'은 단순한 회피가 아니다. 그것은 상대의 마음을 꿰뚫어 보고, 갈등의 본질을 이해하며, 싸움 없이도 상황을 해결하는 고도의 통찰이다.

오늘날의 삶에서도 우리는 수많은 '전장'에 서 있다. 직장에서, 가정에서, 사회 속에서, 때로는 이겨야 한다는 강박에 사로잡히기도 한다.

하지만 제갈량은 말한다. "진정한 리더는 싸움을 피할 수 있는 길을 찾고, 상대를 꺾기보다 함께 설 수 있는 방법을 고민해야 한다"고.

'부진'은 가장 강한 자의 선택이며, 가장 깊은 신뢰를 얻는 리더의 방식이다.

나의 워크시트
나의 '부진不陣' 능력을 점검하라

제갈량의 가르침을 통해, 우리는 가장 높은 차원의 리더십을 배웠다. 이제 이 지혜를 우리 삶에 적용해 볼 시간이다.

생각해 보기

- 당신이 속한 조직에서 '싸우지 않고 이기는' 리더십을 발휘하는 사람이 있는가? 그 사람의 어떤 행동이 그런 결과를 만들었다고 생각하는가?
- 당신의 삶에서 '패배를 잘 활용하여' 오히려 더 성장했던 경험이 있는가? 그때 당신은 어떤 교훈을 얻었는가?
- 당신이 리더라면, 팀원들이 서로 싸우지 않고 '생업을 즐겁게' 할 수 있도록 어떤 환경을 만들어 주고 싶은가?

실천 과제

- 이번 주 안에 당신의 팀이나 가족 내에서 작은 갈등의 조짐이 보이면, 직접적으로 충돌하지 않고 대화와 이해를 통해 문제를 해결해 보자.
- '패배를 잘 활용하는 자'가 되기 위해, 당신이 최근 경험한 실패를 긍정적인 언어로 재정의 하고, 그 실패에서 얻은 세 가지 교훈을 기록해 보자.

戒備 계비
위기를 대비하는 지혜

國之大務 莫先於戒備. 若乃失之毫釐則 此若千里.
국지대무 막선어계비. 약내실지호리즉 차약천리.

覆軍殺將 勢不踰息 可不懼哉.
복군살장 세불유식 가불구재.

故 有患難 君臣 旰食而謀之 擇賢而任之.
고 유환난 군신 간식이모지 택현이임지.

若乃安居而 不思危, 寇至而不知拒 此謂燕巢於幕, 魚遊於鼎.
약내안거이 불사위, 구지이부지거 차위연소어막, 어유어정.

亡不俟夕.
망불사석.

傳曰 不備不憂 不可以師, 又曰 預備不虞 古之善政,
전왈 불비불우 불가이사, 우왈 예비불우 고지선정,

又曰 蜂蠆尙有毒 而況國乎. 無備雖衆 不可恃也.
우왈 봉채상유독 이황국호. 무비수중 불가시야.

故曰 有備無患, 故 三軍之行 不可無備.
고왈 유비무환, 고 삼군지행 불가무비.

"나라의 가장 큰 임무는 미리 대비하는 것보다 먼저 할 것이 없다.
만일 털끝만큼이라도 실수를 하면,
그 어긋남은 천리나 되는 것이다.
군사를 잃고 장수를 죽이는 형세는 숨 쉴 사이도 없으니,
어찌 두렵지 않겠는가.
그러므로 환란이 있으면 임금과 신하가 식음을 잊고 계책을 세우며,
현명한 사람을 선택하여 맡겨야 한다.
만약 편안하게 지내면서도 위태로움을 생각하지 않고,
적이 이르러도 막을 줄 모른다면,
이는 마치 제비가 군막에 집을 짓고,
물고기가 솥 안에서 헤엄치는 것과 같다.
망하는 것은 저녁을 기다리지 않는다.
전傳에 이르기를,
'뜻밖의 일을 대비하지 않으면 군사를 일으킬 수 없다'고 하였고,
또 이르기를, '뜻밖의 일을 미리 대비하는 것은
옛날의 훌륭한 정치'라고 하였다. 또 이르기를,
'벌이나 전갈도 독이 있는데,
하물며 적국이야 말할 필요가 있겠는가?
대비함이 없으면 비록 수가 많더라도 믿을 수 없다'고 하였다.
그러므로 '대비가 있으면 걱정이 없다'고 말하는 것이다.
따라서 군대를 운용함에 있어서는 대비함이 없을 수 없다."

현대적 의미
평온할 때 위기를 생각하라

제갈량은 이 장에서 사전예방과 철저한 대비의 중요성을 강조한다. 그는 "호랑이에게 물려가도 정신만 차리면 산다"는 말처럼, 위기상황에 처한 후에 아무리 발버둥을 쳐도 소용없음을 경고하며, 모든 문제는 사소한 방심에서 시작된다고 말한다.

방심의 위험성 : '털끝만큼의 실수'가 '천리'의 어긋남을 초래한다는 말은, 작은 문제가 돌이킬 수 없는 큰 실패로 이어질 수 있음을 경고한다. 이는 사업의 작은 오류나 팀 내의 사소한 불화가 결국 조직의 붕괴를 가져올 수 있음을 의미한다.

안일함은 곧 파멸 : '제비가 군막에 집 짓고, 물고기가 솥 안에서 헤엄치는 것'은 매우 평화로워 보이지만 곧 닥쳐올 파멸을 깨닫지 못하는 안일한 상태를 비유한다. 이는 당장의 성공에 취해 미래의 위기를 준비하지 않는 기업이나 개인의 모습을 보여준다.

대비의 힘 : 제갈량은 '유비무환有備無患'이라는 사자성어를 강조하며, 사전준비가 곧 가장 강력한 무기라고 말한다. 이는 위기가 닥치기 전에 미리 문제점을 파악하고, 비상계획을 수립하며, 유능한 인재를 키워놓는 것이야말로 진정한 리더의 덕목임을 의미한다.

결론적으로, 진정한 리더는 현재의 성공에 안주하지 않고, 평온할 때 오히려 미래의 위기를 생각하고 대비하는 사람이다.

제갈량은 전쟁의 승패가 전장에 나서기 전에 이미 결정된다고 보았다. 제갈량은 말한다.

"위기는 예고 없이 오지만, 대비는 언제든 할 수 있다."

'계비戒備'는 단순히 방어를 강화하는 것이 아니다. 그것은 상황을 예측하고, 리더의 마음을 단단히 하며, 조직 전체가 흔들리지 않도록 준비하는 전략적 태도다.

오늘날의 조직에서도 위기는 늘 예기치 않게 찾아온다. 시장 변화, 내부 갈등, 외부 압력 — 이 모든 것은 리더의 준비 상태를 시험한다.

제갈량은 위기를 두려워하지 않았다. 그는 위기를 미리 그려보고, 대비책을 세우며, 위기가 닥쳤을 때 오히려 기회로 바꾸는 힘을 길렀다.

'계비'는 리더의 냉철한 통찰과 따뜻한 책임감이 만나는 지점이다.

나의 워크시트
나의 '계비戒備' 능력을 점검하라

제갈량의 가르침을 통해, 우리는 미리 대비하는 지혜의 중요성을 배웠다. 이제 이 지혜를 우리 삶에 적용해 볼 시간이다.

생각해 보기

- 당신의 업무나 일상생활에서 '털끝만큼의 실수'가 '천리만큼의 어긋남'을 초래했던 경험이 있는가? 그때 무엇을 놓쳤다고 생각하는가?
- 당신이 속한 조직이나 개인적인 삶에서 '제비가 군막에 집 짓고, 물고기가 솥 안에서 헤엄치는' 것과 같은 안일한 상황은 없었는가?
- '유비무환'의 지혜를 적용하여, 당신의 미래에 닥칠 수 있는 가장 큰 위기(예: 해고, 건강 문제, 관계 단절 등)에 대해 미리 대비할 수 있는 한 가지 방법은 무엇인가?

실천 과제

- 이번 주 안에 당신의 업무 또는 프로젝트에서 발생할 수 있는 '최악의 시나리오'를 한 가지 상정하고, 그에 대한 대비책을 구체적으로 세워보자.
- 당신의 건강을 위해 '유비무환'을 실천할 수 있는 작은 행동을 하나 정해 보자. (예: 매일 10분씩 스트레칭하기, 건강검진 예약하기 등.)

習練 습련
꾸준한 훈련과 준비의 힘

夫軍不習練 百不當一, 習而用之 一可當百.
부군불습련 백부당일, 습이용지 일가당백.

故 仲尼曰 '以不敎民戰 是謂棄之.'
고 중니왈 이불교민전 시위기지.

又曰 善人 敎民七年 亦可以卽戎矣. 然則, 戎之士 不可不敎.
우왈 선인 교민칠년 역가이즉융의. 연즉, 융지사 불가불교.

敎之以禮義 誨之以忠信, 戒之以典刑, 威之以賞罰.
교지이례의 회지이충신, 계지이전형, 위지이상벌.

故 人知勸然後 習之.
고 인지권연후 습지.

或陣而分之, 坐而起之, 行而止之, 走而卻之, 別而合之, 散而聚之.
혹진이분지, 좌이기지, 행이지지, 주이각지, 별이합지, 산이취지.

一人 可敎十人, 十人 可敎百人, 百人 可敎千人,
일인 가교십인, 십인 가교백인, 백인 가교천인,

千人 可敎萬人, 萬人 可敎三軍. 然後敎練 而敵可勝矣.
천인 가교만인, 만인 가교삼군. 연후교련 이적가승의.

"무릇 군대가 익히고 단련하지 않으면

백 명이 한 명을 당하지 못하고,

익히고 훈련한 후에 쓰면 한 명이 능히 백 명을 당한다.

그러므로 공자(仲尼)께서 말씀하시기를,

'가르치지 않은 백성으로 싸우게 하는 것은

그들을 스스로 버리는 것과 같다'고 하셨다.

또한, '어진 사람은 백성을 7년 동안 가르치면

가히 전쟁터에 내보낼 수 있다'고 하셨다.

그렇다면 군사들에게 가르침을 주지 않을 수 없다.

그들을 예의로써 가르치고, 충성과 신의로써 깨우치며,

법과 규율로써 경계시키고, 상과 벌로써 위엄을 세운다.

그러므로 사람들이 (훈련의 중요성을) 알고

노력한 후에야 익히게 된다.

혹은 진을 치고 흩어지게 하며, 앉았다 일어나게 하고,

걸어가다 멈추게 하며, 후퇴하다가 공격하게 하고,

나누었다가 합치게 하며,

흩어졌다가 모이게 하는 것이다.

한 사람이 열 사람을 가르치고, 열 사람이 백 사람을,

백 사람이 천 사람을,

천 사람이 만 사람을,

만 사람이 삼군을 가르칠 수 있다.

이와 같이 가르치고 훈련한 후에야 어떤 적이라도 이길 수 있다.

현대적 의미
성장과 경쟁력의 핵심, '꾸준한 훈련'

제갈량은 이 장에서 교육과 훈련의 본질을 날카롭게 꿰뚫고 있다. 아무리 좋은 자질을 가진 사람이라도 꾸준한 훈련 없이는 무능력해지며, 반대로 체계적인 교육과 훈련을 통해 평범한 사람도 뛰어난 능력을 발휘할 수 있다는 것을 강조한다. 이는 개인의 성장뿐만 아니라 조직의 경쟁력 강화에 있어서도 가장 중요한 원칙이다.

훈련 없는 조직은 무능력하다 : "백이 하나를 당하지 못한다"는 말은, 훈련되지 않은 인력이 아무리 많아도 효율성과 성과를 낼 수 없음을 의미한다. 오늘날의 조직에서 직원 교육이나 역량 개발에 투자하지 않는다면, 결국 시장에서 도태될 수밖에 없다.

훈련은 단순 기술 교육이 아니다 : 제갈량은 훈련이 단순히 기술을 익히는 것을 넘어, 예의禮義, 충성(忠信), 법규(典刑), 상벌賞罰 등 내면의 가치를 함께 가르치는 것이라고 말한다. 이는 현대기업의 교육이 단순 직무 스킬을 넘어, 조직의 비전과 문화에 대한 이해를 포함해야 함을 시사한다.

훈련은 전염된다 : "한 사람이 열 사람을 가르치고, 만 사람이 삼군을 가르친다"는 가르침은, 교육의 파급 효과를 보여준다. 체계적인 훈련 시스템을 구축하면, 그 효과는 조직 전체로 퍼져나가 자연스럽게 인재들이 양성되는 선순환 구조가 만들어진다.

결론적으로, 제갈량은 '단련된 사람'이야말로 조직의 가장 강력한 자산이며, 리더는 그들을 끊임없이 교육하고 훈련시켜야 할 의무가 있다고 말하고 있다.

제갈량은 전쟁의 승패가 전장에 나서기 전에 이미 결정된다고 말했다. 제갈량은 이렇게 말한다.
"훈련이 없으면 군은 흩어지고, 준비가 없으면 뜻은 무너진다."
'습련習練'은 단순한 반복이 아니다. 그것은 위기를 이겨내기 위한 내면의 단련이며, 작은 습관 속에 큰 승리를 담아내는 리더의 철학이다.
오늘날의 조직에서도, 위기 앞에서 흔들리지 않기 위해선 평소의 준비와 꾸준한 훈련이 필요하다. 리더는 구성원에게 반복의 지루함이 아닌, 단련의 의미를 심어주어야 한다.

제갈량은 병사들에게 단순한 기술이 아닌, 마음가짐과 태도를 훈련시켰다. 그는 준비된 자만이 위기를 기회로 바꿀 수 있다고 믿었다.

나의 워크시트
나는 얼마나 '습련習練'하고 있는가?

제갈량의 가르침을 통해, 우리는 훈련의 중요성과 파급 효과를 배웠다. 이제 이 지혜를 우리 삶에 적용해 볼 시간이다.

생각해 보기

- 당신이 현재 하고 있는 일에서 '한 명이 백 명을 당하는' 뛰어난 실력을 갖추기 위해 어떤 훈련이 필요하다고 생각하는가?
- 당신이 속한 조직은 직원 교육과 훈련에 충분한 투자를 하고 있는가? 만약 부족하다면, 어떤 점을 개선해야 할까?
- "가르치지 않고 백성으로 싸우게 하는 것은 그들을 버리는 것과 같다"는 말에 비추어, 당신은 후배나 동료를 가르치는 일에 얼마나 적극적이었나?

실천 과제

- 이번 주 안에 당신의 전문성을 강화하기 위한 구체적인 훈련 계획을 한 가지 세워보자. (예: 관련 서적 한 권 읽기, 온라인 강의 한 편 수강하기 등.)
- 당신의 팀원이나 후배 중 한 명을 멘토링하여 그에게 당신의 경험과 지식을 나누어 주자. 이때 '예의'와 '충신'의 마음을 담아 진심으로 대하는 것을 목표로 삼아보도록 한다.

謹候 근후
신중하고 치밀한 리더십의 원칙

夫敗軍喪師 未有不因 輕敵而致禍者.
부패군상사 미유불인 경적이치화자.

故 師出以律 失律則凶. 律有十五焉.
고 사출이율 실률즉흉. 율유십오언.

一曰慮 間諜明也. 二曰詰 深候謹也.
일왈려 간첩명야. 이왈힐 심후근야.

三曰勇 敵衆不撓也. 四曰廉 見利思義也. 五曰平 賞罰均也.
삼왈용 적중불요야. 사왈렴 견리사의야. 오왈평 상벌균야.

六曰忍 善含耻也. 七曰寬 能容衆也. 八曰信 重然諾也.
육왈인 선함치야. 칠왈관 능용중야. 팔왈신 중연낙야.

九曰敬 禮賢能也. 十曰明 不納讒也.
구왈경 예현능야 십왈명 불납참야.

十一曰謹 不違理也, 十二曰仁 善養士卒也.
십일왈근 불위리야, 십이왈인 선양사졸야.

十三曰忠 以身徇也. 十四曰分 知止足也. 十五曰謀 自料知他
십삼왈충 이신순야. 십사왈분 지지족야. 십오왈모 자료지타

"무릇 군대를 패하고 병사를 잃는 것은 적을 가볍게 여겨서
화를 자초하지 않은 자가 없다.
그러므로 군사를 낼 때는 반드시 규율을 따르니,
규율을 잃으면 흉한 일이 발생한다.
군율에는 열다섯 가지가 있다.
첫째는 사려(慮)이니, 간첩을 살피는 데 밝아야 한다.
둘째는 힐문(詰)이니, 깊이 살피고 신중해야 한다.
셋째는 용기(勇)이니, 적이 많아도 흔들리지 않는다.
넷째는 청렴(廉)이니, 이익을 볼 때 의로움을 생각한다.
다섯째는 평정(平)이니, 상과 벌을 공정하게 한다.
여섯째는 인내(忍)이니, 부끄러움을 잘 참아낸다.
일곱째는 관용(寬)이니, 능히 대중을 포용한다.
여덟째는 신의(信)이니, 약속을 중요하게 여긴다.
아홉째는 공경(敬)이니, 어질고 능력 있는 이를 예로 대한다.
열 번째는 명철(明)이니, 참소를 받아들이지 않는다.
열한 번째는 삼가함(謹)이니, 이치를 어기지 않는다.
열두 번째는 인자(仁)이니, 병사들을 잘 보살핀다.
열세 번째는 충성(忠)이니, 몸으로 나라를 위해 헌신한다.
열네 번째는 분수(分)이니, 만족할 줄 알고 그칠 줄 안다.
열다섯 번째는 계략(謀) 이니, 자신을 헤아리고 남을 안다."

현대적 의미
리더십 실패의 원인과 15가지 핵심 원칙

제갈량은 경솔함(輕敵)이 실패의 가장 큰 원인이라고 지적하며, 이를 극복하기 위한 15가지 군율(원칙)을 제시한다. 이 원칙들은 단순한 전술을 넘어 리더가 갖춰야 할 내면의 덕목과 외부적인 역량을 모두 아우르고 있다. 현대사회의 리더들에게도 여전히 유효한 성공의 나침반이다.

정보력(慮, 詰) : 경쟁 환경과 내부 상황을 철저히 분석하고 검증하는 능력이다. 정보에 대한 경솔한 판단은 치명적인 결과를 낳는다.

강인한 정신(勇, 忍) : 외부의 위협에 흔들리지 않는 용기와 비난과 모욕을 견뎌내는 인내심은 리더가 반드시 갖춰야 할 정신적 자질이다.

도덕적 품성(廉, 仁, 忠) : 자신의 이익보다 공동체의 의를 생각하고, 구성원을 아끼며, 궁극적으로 조직에 헌신하는 마음은 신뢰를 얻는 근간이 된다.

조직관리(平, 寬, 敬, 明, 謹) : 공정한 보상 시스템, 구성원에 대한 포용력, 인재 존중, 참소에 흔들리지 않는 명철함, 그리고 원칙을 지키는 신중함은 조직의 질서를 유지하는 데 필수적이다.

자기관리(信, 分, 謀) : 약속을 지키고 자신의 분수를 알며, 자신과 상대를 객관적으로 파악하는 지혜는 리더 스스로의 몰락을 막는 중요한 덕목이다.

제갈량은 앞에서 보여준 15가지 원칙을 지키지 않는 리더는 결국 실패할 수밖에 없다고 단호하게 말한다. 이는 성공적인 리더십이 한두 가지 뛰어난 능력으로 이루어지는 것이 아니라 총체적인 원칙과 덕목의 조화로 완성된다는 것을 보여준다.

제갈량은 결정을 내릴 때마다 수많은 가능성을 검토하고, 그 누구보다 조심스럽게 움직였다.
제갈량은 말한다.
"신중함은 리더의 덕목이며, 치밀함은 조직의 생명이다."

'근후謹候'는 단순히 느리게 판단하는 것이 아니다. 그것은 상황을 면밀히 살피고, 사람의 마음을 헤아리며, 결정이 가져올 파장을 끝까지 책임지는 리더의 자세다.

오늘날의 리더 역시, 빠른 판단보다 정확한 통찰이 필요하다. 조직의 방향을 결정짓는 순간마다 신중함은 실수를 줄이고, 치밀함은 신뢰를 쌓는다.

제갈량은 전장의 혼란 속에서도 한 걸음 더 생각하고, 한 겹 더 준비하며, 리더의 말 한마디가 조직 전체를 움직인다는 사실을 잊지 않았다.

나의 워크시트
나의 리더십 '군율'은 무엇인가?

제갈량의 가르침을 통해, 우리는 실패를 막고 성공을 이끄는 15가지 원칙을 배웠다. 이제 이 지혜를 우리 삶에 적용해 볼 시간이다.

생각해 보기

- 당신이 속한 조직에서 리더가 '적을 가볍게 여겨' 실패한 사례가 있는가? 그 원인은 15가지 원칙 중 어느 것에 해당한다고 생각되는가?
- 15가지 원칙 중, 당신이 가장 강점으로 내세울 수 있는 세 가지는 무엇인가? 그리고 가장 부족하다고 느끼는 세 가지는 무엇인가?
- 당신의 삶에서 '만족할 줄 알고 그칠 줄 아는' '분分'의 미덕을 실천했던 경험이 있는가? 그것이 당신에게 어떤 평온을 가져다주었는가?

실천 과제

- 이번 주 동안 당신이 가장 부족하다고 느낀 세 가지 원칙을 개

선하기 위한 구체적인 행동 계획을 세워보자. (예: '인내'를 위해 화가 나는 상황에서 심호흡하기, '명철'을 위해 남의 험담에 맞장구치지 않기 등.)

- 당신이 속한 팀의 목표를 달성하기 위해 '스스로를 헤아리고 남을 아는' '모謀'를 실천해 보자. 팀원의 강점과 약점을 분석하고, 그에 맞는 역할 분담을 다시 논의해 보자.

機形 기형
기회를 포착하는 지혜

夫以愚克智 命也. 以智克愚 順也. 以智克智 機也.
부이우극지 명야. 이지극우 순야. 이지극지 기야.

其道有三, 一曰事, 二曰勢, 三曰情.
기도유삼, 일왈사, 이왈세, 삼왈정.

事機作而不能應 非智也, 勢機動而不能制 非賢也,
사기작이부능응 비지야, 세기동이부능제 비현야,

情機發而不能行 非勇也, 善將者 必因機而立勝.
정기발이부능행 비용야, 선장자 필인기이립승.

"무릇 어리석음으로 지혜로움을 이기는 것은 운명(命)이고,
지혜로움으로 어리석음을 이기는 것은 순리(順)이다.
그러나 지혜로움으로 지혜로움을 이기는 것은 기회(機)이다.
그 방법에는 세 가지가 있으니,
첫째는 일(事)이고, 둘째는 형세(勢)이며, 셋째는 정황(情)이다.
일의 기회가 왔으나 능히 대응하지 못하면 지혜로운 것이 아니며,
형세의 기회가 움직였으나
능히 제압하지 못하면 현명한 것이 아니요,

정황의 기회가 드러났으나 능히 행동하지 못하면 용기 있는 것이 아니다. 훌륭한 장수는 반드시 기회에 의지하여 승리를 이룬다."

현대적 의미
기회 포착이 승패를 가른다

제갈량은 '기회 포착'이 승패를 가르는 가장 중요한 요소라고 말한다. 그리고 단순히 운(愚克智)이나 순리(智克愚)에 기대는 것을 넘어 지혜로운 리더끼리의 경쟁에서는 오직 '기회'를 얼마나 잘 활용하는지에 따라 승부가 결정된다고 단언하면서 그 '기회'를 포착하는 세 가지 방법을 제시한다.

일(事)의 기회 : 이는 어떤 사건이나 프로젝트에서 발생하는 구체적인 기회를 의미한다. 리더는 문제의 본질을 꿰뚫어 보고, 그 안에서 승리할 수 있는 포인트를 찾아내야 한다.
형세(勢)의 기회 : 이는 시장의 흐름, 기술의 변화, 경쟁사의 동향 등 전반적인 판세의 변화를 의미한다. 리더는 이러한 거대한 흐름을 읽고, 그 흐름을 제압하여 자신의 것으로 만들어야 한다.
정황(情)의 기회 : 이는 팀원들의 사기, 고객의 감정, 여론의 동향 등 사람의 마음에서 비롯되는 미묘한 기회를 의미한다. 리더는 이러한 감정적 흐름을 민감하게 파악하고, 적절한 시점에 행동해야 한다.

제갈량은 리더가 이 세 가지 기회를 정확히 읽고, 각각에 맞는 지혜, 현명함, 용기를 발휘하여 행동해야만 진정한 승리를 얻을 수 있다고 하였으며, 전장을 지휘하면서도, 늘 '움직이는 틈'을 살폈다.

제갈량은 말한다.
"형세를 보고 기회를 잡는 자는, 싸우지 않고도 이긴다."
'기형機形'은 단순한 타이밍의 문제가 아니다. 그것은 변화의 흐름을 읽고, 그 속에서 가장 유리한 지점을 포착하는 전략적 감각이다.
현대를 살아가는 우리들의 삶에서도 우리는 수많은 선택의 갈림길과 마주한다. 기회는 늘 눈앞에 있지만, 그것을 알아보고 잡을 수 있는 사람은 많지 않다.

제갈량은 말한다. 기회는 준비된 자에게만 보이며, 형세를 꿰뚫는 자에게만 다가온다고. '기형'은 리더의 통찰력과 결단력이 만나는 지점이며, 혼란 속에서도 방향을 잡는 지혜의 기술이다.

나의 워크시트
나는 기회를 포착하고 있는가?

제갈량의 가르침을 통해, 우리는 기회를 알아보는 눈과 그것을 잡는 용기의 중요성을 배웠다. 이제 이 지혜를 우리 삶에 적용해 볼 시간이다.

생각해 보기

- 당신의 업무나 개인적인 삶에서 최근에 놓쳤다고 생각하는 '기회'가 있었는가? 그 기회는 '일(事)', '형세(勢)', '정황(情)' 중 어느 것에 해당했는가?
- '기회가 왔으나 행동하지 못하는' 이유는 무엇이라고 생각하는가? 두려움 때문인가, 아니면 준비 부족 때문인가?
- '지혜, 현명함, 용기' 중 당신이 기회를 잡기 위해 가장 필요하다고 느끼는 덕목은 무엇인가?

실천 과제

- 이번 주 안에 당신의 업무나 관심 분야에서 '형세(勢)'의 기회를 파악하기 위한 노력을 해보자. (예: 관련업계 보고서 읽기, 전문가의 강연 듣기, 새로운 기술 트렌드 분석하기 등.)
- 당신이 리더 역할을 맡고 있다면, 팀원들의 미묘한 '정황(情)'을 파착하기 위해 한 명 한 명과 진솔한 대화의 시간을 가져보자. 이를 통해 팀의 사기를 높일 수 있는 기회를 찾아보자.

重刑 중형
엄격함과 위엄의 리더십

吳起曰 鼓聲櫨鐸 所以威耳, 旌幟 所以威目, 禁令刑罰 所以威心.
오기왈 고성금탁 소이위이, 정치 소이위목, 금령형벌 소이위심.

耳威以聲 不可不淸, 目威以容 不可不明, 心威以刑 不可不嚴.
이위이성 불가불청, 목위이용 불가불명, 심위이형 불가불엄.

三者不立 士可怠也.
삼자불립 사가태야.

故 將之所麾 莫不心移, 將之所指 莫不前死矣.
고 장지소휘 막불심이, 장지소지 막부전사의.

"오기 吳起가 말했다.
북소리와 방울 소리는 귀로 듣는 위엄을 보이는 방법이고,
깃발은 눈으로 보는 위엄을 보이는 방법이며,
금지령과 형벌은 마음을 두렵게 하여 위엄을 보이는 방법이다.
귀를 위엄으로 다스리는 것은 소리이므로 맑고 분명해야 하고,
눈을 위엄으로 다스리는 것은 용모이므로 밝고 분명해야 하며,
마음을 위엄으로 다스리는 것은 형벌이므로 엄격하고 철저해야 한다.
이 세 가지가 확립되지 않으면 병사들이 게을러질 수 있다.

그러므로 장수가 지휘하는 곳에는 마음이 따르지 않는 사람이 없고, 장수가 가리키는 곳에는 목숨을 바치지 않는 사람이 없다."

현대적 의미
존경을 이끌어내는 세 가지 '위엄'

제갈량은 이 가르침을 통해 리더가 갖춰야 할 세 가지 위엄의 요소를 강조한다. 오기(吳起:전국시대 초나라의 병법가)의 말을 인용한 이 내용은, 단순히 외적인 권위가 아니라 구성원들의 내면을 움직이는 심리적 위엄을 구축하는 것이 중요하다고 말한다. 이 세 가지 위엄은 리더의 존경과 신뢰를 쌓는 핵심적인 방법이다.

청각적 위엄(聲) : "북소리와 방울 소리가 맑아야 한다"는 말은 명확하고 일관된 메시지를 전달해야 함을 의미한다. 리더의 말과 지시가 모호하거나 자주 바뀌면, 팀원들은 혼란을 느끼고 따르기를 주저하게 된다.

시각적 위엄(容) : "깃발이 밝아야 한다"는 말은 리더의 태도와 비전이 명확해야 함을 의미한다. 리더가 자신감 있고 당당한 태도로 비전을 제시할 때, 팀원들은 그 모습을 보고 신뢰를 갖게 된다.

심리적 위엄(刑) : "금령과 형벌이 엄격해야 한다"는 말은 조직의 원칙과 규칙을 철저하게 지켜야 함을 의미한다. 이는 단순히 벌을 주는 것이 아니라 공정하고 엄격한 원칙을 통해 팀원들에게 안정감과 예측 가능성을 제공해야 함을 말한다.

제갈량은 이 세 가지 위엄이 조화를 이룰 때, 팀원들은 리더를 믿고 따르게 된다고 말하고 있다. 리더가 이 세 가지 위엄을 갖출 때 리더의 지시에 마음이 움직이고, 심지어 어려운 목표를 위해 기꺼이 헌신하게 된다는 것이다. 이는 리더의 진정한 힘이 외적인 권위가 아니라 내면의 위엄과 일관성에서 비롯된다는 것을 보여준다.

제갈량은 따뜻한 리더였지만, 동시에 단호한 리더이기도 하였다.
제갈량은 말한다.
"법이 무너지면 군은 흩어지고, 위엄이 사라지면 뜻은 흔들린다."

'중형重刑'은 단순히 엄벌주의를 뜻하지 않는다. 그것은 조직의 질서를 지키기 위한 최소한의 단호함이며, 리더가 책임을 지고 기준을 세우는 리더십의 본질이다.
오늘날의 조직에서도, 리더는 때로는 따뜻한 위로보다 명확한 기준과 단호한 결정이 필요하다. 공정함은 감정이 아니라 원칙에서 비롯되며, 위엄은 억압이 아니라 신뢰에서 자라난다.

제갈량은 병사들의 마음을 얻기 위해 먼저 자신이 법을 지키고, 그 법을 통해 모두가 안전하게 함께 갈 수 있도록 이끌었다.
'중형'은 리더의 단단한 중심이며, 조직을 흔들림 없이 이끄는 힘의 근원이라고 할 수 있다.

나의 워크시트
나의 리더십 '위엄'을 점검하라

제갈량의 가르침을 통해, 우리는 리더의 위엄이 어떻게 형성되는지 배웠다. 이제 이 지혜를 우리 삶에 적용해 볼 시간이다.

생각해 보기

- 당신이 속한 조직의 리더는 세 가지 위엄(청각, 시각, 심리) 중 어떤 부분이 가장 뛰어나다고 생각하는가?
- 당신은 팀원들에게 명확하고 일관된 메시지를 전달하고 있는가? 당신의 말과 행동이 때때로 모순되지는 않았는가?
- 당신은 팀이나 조직의 규칙을 얼마나 엄격하게 지키고 있는가? 공정하고 일관된 태도가 리더십에 어떤 영향을 미친다고 생각하는가?

실천 과제

- 이번 주 안에 당신의 팀원들에게 전달할 메시지를 명확하고 간결하게 다듬어 보자. 불필요한 말은 줄이고 핵심내용을 중심으로 전달하는 연습을 해보자.

- 당신의 팀에서 중요하게 생각하는 규칙을 하나 정하고, 당신이 먼저 그 규칙을 철저히 지키는 모범을 보여주도록 하자. 이를 통해 리더로서의 심리적 위엄을 확립해 보자.

蠧將 두장
무능한 리더의 네 가지 특징

古之善將者 有四. 示之以進退 故 人知禁, 誘之以仁義 故 人知禮,

고지선장자 유사. 시지이진퇴 고 인지금, 유지이인의 고 인지례,

重之以是非 故 人知勸, 決之以賞罰 故 人知信.

중지이시비 고 인지권, 결지이상벌 고 인지신.

禁禮勸信 師之大經也. 未有綱直而目 不舒也, 故 能戰必勝攻必取.

금례권신 사지대경야. 미유강직이목 불서야, 고 능전필승공필취.

庸將不然 退則不能止, 進則不能禁 故 與軍同之.

용장불연 퇴즉불능지, 진즉불능금 고 여군동지.

無誠勸則賞罰 失度 人不知信,

무성권즉상벌 실도 인부지신,

故 賢良退伏, 頑諂登用 以戰必敗散.

고 현량퇴복, 완첨등용 이전필패산.

"옛날 훌륭한 장수에게는 네 가지가 있었다.
첫째, 나아가고 물러나는 법을 보여주므로
사람들이 금지해야 할 것 을 알게 되고,
둘째, 인과 의로써 이끔으로 사람들이 예의를 알게 되며,

셋째, 옳고 그름을 중요하게 여기므로 사람들이 노력 하게 되고,

넷째, 상과 벌로써 결정하므로 사람들이 신의를 알게 된다.

금지, 예의, 노력, 신의는 군대를 다스리는 큰 법도이다.

벼릿줄이 곧으면 그물코가 펴지지 않을 수 없으므로

싸우면 반드시 이기고 공격하면 반드시 빼앗는다.

그러나 용렬한 장수는 그렇지 않아

물러나는 군사를 멈추게 할 수 없고,

나아가는 군사를 막을 수 없으므로 병사들과 다를 바가 없다.

진실로 노력을 권할 수 없으면 상벌이 정도를 잃게 되어

사람들이 신뢰를 잃는다.

그러므로 어진 사람들은 물러나 숨고,

사납고 아첨하는 무리들이 등용되어 싸우면 반드시 패하고 흩어지게 된다."

현대적 의미
무능한 리더의 몰락과 그 원인

제갈량은 여기에서 훌륭한 리더와 무능한 리더를 극명하게 대조해서 설명하고 있다. 그는 '두장蠹將', 즉 조직을 좀먹는 리더는 네 가지 핵심역량이 부족하다고 지적하며, 이로 인해 결국 패배하게 된다고 말한다.

원칙의 부재(無禁) : 훌륭한 리더는 나아가고 물러나는 원칙을 명확히 제시하여 구성원들이 따라야 할 행동규범을 알게 한다.

그러나 무능한 리더는 일관된 원칙 없이 우왕좌왕하여 조직의 질서를 무너뜨린다.

공감과 소통의 실패(無禮) : 인의仁義로 이끄는 리더는 사람들의 마음을 얻어 자발적인 협력을 이끌어낸다.

하지만 무능한 리더는 이를 무시하고 명령만 내리므로, 예의와 존중이 사라진 조직이 된다.

동기부여의 실패(無勸) : 옳고 그름을 명확히 하고 올바른 노력을 장려하는 리더는 모두의 성장을 유도한다. 반면, 무능한 리더는 이러한 동기 부여 능력이 없어 팀원들의 사기를 저하시킨다.

공정성의 부재(無信) : 공정한 상벌로 신뢰를 쌓는 리더와 달리, 무능한 리더는 상벌 기준이 모호하여 신뢰를 잃는다. 이는 결국 아첨하는 사람만 득세하고, 유능한 인재들이 떠나는 결과를 낳는다.

결론적으로, 제갈량은 '금지(禁), 예의(禮), 노력(勸), 신의(信)'라는 네 가지 덕목이 조직을 이끌어가는 핵심이라고 말하고 있다. 이 덕목을 갖추지 못한 리더는 결국 스스로의 무능으로 인해 조직을 파멸로 이끌게 된다.

제갈량은 말한다.
"장수가 무능하면, 군은 스스로 무너진다."
'두장蠹將'은 조직을 이끄는 리더가 갖춰야 할 덕목이 아니라 갖추지 못했을 때 나타나는 병폐를 적나라하게 드러낸다.

그는 네 가지를 경고한다. '경솔함, 아첨에 약함, 결단력 부족, 책임 회피'이다. 이 네 가지는 리더 개인의 문제를 넘어, 조직 전체를 혼란에 빠뜨리고, 사람들의 마음을 흩어지게 만드는 독이다.

오늘날에도, 리더의 무능은 단순한 실수가 아니라 조직의 방향을 잃게 하고, 신뢰와 동력을 무너뜨리는 근본적인 위협이다. 제갈량은 이 네 가지를 병법 속에 새겨, 리더가 스스로를 돌아보고, 조직을 지키기 위해 반드시 경계해야 할 내면의 적으로 남겼다.

나의 워크시트
나는 '두장蠹將'이 아닌가?

제갈량의 가르침을 통해, 우리는 훌륭한 리더의 조건과 무능한 리더의 실패 원인을 배웠다. 이제 이 지혜를 우리 삶에 적용해 볼 시간이다.

생각해 보기

- 당신이 속한 조직의 리더에게서 제갈량이 말한 '두장'의 모습이 보인다면, 어떤 점이라고 생각하는가?

- "현명한 사람이 물러나고 아첨하는 사람이 등용된다"는 말이 당신의 조직에도 해당되는가? 만약 그렇다면, 그 원인은 무엇이라고 생각하는가?
- 당신이 리더라면, '금지, 예의, 노력, 신의' 중 어떤 것을 가장 중요하게 여기겠는가? 그리고 그 이유는 무엇인가?

실천 과제

- 이번 주 안에 당신의 팀이나 조직에서 불분명한 규칙이나 원칙을 한 가지 찾아내고, 그것을 명확하게 만드는 노력을 해보자. (예: 모호한 업무 프로세스를 개선하여 문서로 정리하기 등.)
- 당신의 팀원이나 동료 중 '현명한 사람'이라고 생각되는 사람에게 진심으로 다가가 그의 의견을 경청하고 존중하는 태도를 보여주자.

審因 심인
원인을 살피는 지혜

夫因人之勢 以伐惡則黃帝 不能與爭威矣,
부인인지세 이벌악즉황제 불능여쟁위의,

因人之力 以決勝則湯武 不能與爭功矣.
인인지력 이결승즉탕무 불능여쟁공의.

若能審因 而加之威勝則 萬夫之雄將可圖,
약능심인 이가지위승즉 만부지웅장가도,

四海之英豪 受制矣.
사해지영호 수제의.

"무릇 다른 사람의 형세에 의지하여 악인을 정벌할 수 있다면
황제黃帝라도 그 위엄을 다툴 수 없고,
다른 사람의 힘에 의지하여 승리를 결정짓는다면
탕왕湯王이나 무왕武王이라도 그 공을 다툴 수 없을 것이다.
만약 능히 원인을 살피고, 그 위에 위엄과 승리를 더한다면,
수많은 병사를 거느린 뛰어난 장수라도
도모할 수 있을 것이며,
세상의 영웅호걸이라도 그에게 제압될 것이다."

현대적 의미
진정한 리더는 '타인의 힘'을 빌릴 줄 안다

제갈량은 진정한 리더십은 혼자만의 힘이 아니라 타인의 힘을 빌려 쓰는 지혜에서 비롯된다고 말한다. 그는 황제와 탕왕, 무왕 같은 위대한 통치자들도 결국 다른 사람들의 지지와 힘을 얻었기에 위업을 달성할 수 있었다고 강조한다. 이는 아무리 뛰어난 개인이라도 팀워크와 협력 없이는 큰 성공을 이룰 수 없다는 의미이다.

'힘'의 본질을 파악하라 : 리더는 자신의 능력을 과시하기보다 주변 사람들의 잠재력과 강점을 정확히 파악해야 한다. '다른 사람의 형세'와 '다른 사람의 힘'을 활용하는 것이야말로, 한계를 뛰어넘어 더 큰 목표를 달성하는 가장 현명한 방법이다.

원인(因)을 살피는 통찰력 : 제갈량은 단순히 타인의 힘을 빌리는 것을 넘어 그 '원인'을 살피는 통찰력을 중요하게 여긴다. 즉 무엇이 사람들을 움직이게 하고, 어떤 상황이 기회를 만드는지 근본적인 이유를 알아야 한다는 것이다. 이 통찰력이 있어야만 리더는 주변의 협력을 효과적으로 이끌어낼 수 있다.

위엄과 승리를 더하라 : 타인의 힘을 빌리는 것은 리더십의 시작이다. 여기에 공정한 리더십(위엄)과 분명한 성과(승리)를 더할 때, 그 리더는 모든 사람에게 인정받고 따르지 않을 수 없는 존재가 된다. 이는 '만부의 웅장'과 '사해의 영웅호걸'까지도 복종하게 만드는 궁극적인 힘이다.

결론적으로, 제갈량은 "내 힘으로 모든 것을 하겠다"는 오만함을 버리고, "다른 사람의 힘을 빌려 함께 성공하겠다"는 겸손한 지혜가 진정한 리더의 그릇임을 보여준다.

제갈량은 문제를 해결하기 전에 반드시 그 뿌리를 살폈다.

제갈량은 말한다.
"겉을 보면 혼란이요, 속을 보면 원인이다."
'심인審因'은 단순히 결과를 분석하는 것이 아니다. 그것은 현상의 이면을 꿰뚫고, 문제의 본질을 찾아가는 리더의 지혜다.

오늘날의 조직에서도 갈등이나 실패는 늘 겉으로 드러난 모습만으로 판단되기 쉽다. 하지만 제갈량은 말한다. 진정한 리더는 표면을 넘어서 원인을 묻고, 그 원인을 바로잡을 때 비로소 조직은 회복된다고.
'심인'은 리더의 통찰력이며, 혼란 속에서도 중심을 잡는 분석의 힘이다. 제갈량은 병법 속에 이 원칙을 새겨, 리더가 흔들리지 않고 본질을 꿰뚫을 수 있도록 이끌었다.

나의 워크시트
나의 '심인審因'을 훈련하라

제갈량의 가르침을 통해, 우리는 타인의 힘을 빌려 쓰는 지혜의 중요성을 배웠다. 이제 이 지혜를 우리 삶에 적용해 볼 시간이다.

생각해 보기

- 당신이 최근에 이룬 성공 중 오로지 당신 혼자만의 힘으로 이룬 것은 몇 퍼센트나 된다고 생각하는가? 다른 사람의 도움(형세, 힘)을 받은 부분은 무엇이었는가?
- 당신이 속한 팀이나 조직에서 '타인의 힘'을 빌려야 할 필요성이 가장 큰 문제는 무엇이라고 생각하는가?
- 당신이 '타인의 힘'을 빌리기 위해 가장 먼저 해야 할 일은 무엇인가? (예: 상대방의 강점 파악하기, 진심으로 도움 요청하기, 먼저 협력을 제안하기 등.)

실천 과제

- 이번 주 안에 당신의 팀원이나 동료 중 한 명에게 솔직하게 도움을 요청해 보자. 이때 "나는 네가 가진 ○○ 능력이 필요해"와 같이 그의 강점을 구체적으로 언급하면 더욱 좋다.
- 당신이 존경하는 리더 한 명을 떠올리고, 그가 어떤 방식으로 '타인의 힘'을 빌려 성공했는지 분석해 보자. (예: 뛰어난 인재 영입, 강력한 파트너십 구축 등.)

天下 천하
성공을 위한 세 가지 형세

夫行兵之勢有三焉. 一曰天, 二曰地, 三曰人.
부행병지세유삼언. 일왈천, 이왈지, 삼왈인.

天勢者 日月淸明, 五星合度, 孛彗不殃, 風氣調和.
천세자 일월청명, 오성합도, 패혜불앙, 풍기조화.

地勢者 城峻重崖, 洪波千里, 石門幽動, 羊腸曲沃.
지세자 성준중애, 홍파천리, 석문유동, 양장곡옥.

人勢者 主聖將賢, 三軍由禮, 士卒用命, 粮甲堅備.
인세자 주성장현, 삼군유례, 사졸용명, 양갑견비.

善將者 因天之時, 就地之勢, 依人之利則 所向者無敵, 所擊者萬全矣.
선장자 인천지시, 취지지세, 의인지리즉 소향자무적, 소격자만전의.

"군대를 운용하는 데는 세 가지 형세가 있다.
첫째는 하늘, 둘째는 땅, 셋째는 사람이다.
하늘의 형세란 해와 달이 맑고 밝으며, 오성五星이 법도에 맞고,
혜성이 재앙을 일으키지 않으며, 바람과 공기가 고른 것이다.
땅의 형세란 성이 높고 험한 절벽, 천리를 뒤덮는 거대한 파도,
신비한 움직임을 보이는 돌문,

험하고 굽이진 양장羊腸과 같은 것이다.
사람의 형세란 군주가 성스럽고 장수가 현명하며,
삼군이 예의를 따르고, 병사들이 명령에 목숨을 바치며,
군량미와 갑옷이 견고하게 갖추어진 것이다.
훌륭한 장수는 하늘의 때를 따르고, 땅의 형세를 이용하며,
사람의 이로움에 의지한다.
그렇게 하면 가는 곳마다 적이 없을 것이고,
공격하는 곳마다 안전하게 된다."

현대적 의미
성공을 위한 완벽한 삼위일체

제갈량은 성공적인 리더십의 궁극적인 조건으로 '천시天時, 지리地利, 인화人和'의 조화를 강조한다. 이는 단순한 군사 전략을 넘어 모든 사업이나 프로젝트에 적용되는 성공의 법칙이다. 리더는 이 세 가지 요소를 통합적으로 이해하고 활용해야만 원하는 목표를 달성할 수 있다.

하늘(天), 시대의 흐름 : 이는 우리가 통제할 수 없는 외부 환경, 즉 시장의 트렌드, 경제상황, 기술발전, 심지어 자연재해까지 포함된다. 현명한 리더는 이러한 흐름을 거스르지 않고, 오히려 그 흐름을 읽어 기회로 삼아야 한다.

땅(地)**, 경쟁환경과 인프라** : 이는 경쟁자의 위치, 시장의 특징, 기술적 기반, 조직의 인프라 등과 같은 구체적인 환경요소를 의미한다. 리더는 이러한 환경의 강점과 약점을 정확히 파악하고, 유리한 지점을 선점하여 활용해야 한다.

사람(人)**, 팀워크와 조직문화** : 이는 조직구성원의 역량, 리더에 대한 신뢰, 그리고 팀 전체의 사기를 의미한다. 아무리 좋은 환경과 타이밍이 주어져도, 훌륭한 팀워크가 없다면 성공은 불가능하다. 리더는 팀원들이 기꺼이 헌신할 수 있는 문화를 구축해야 한다.

제갈량은 이 세 가지 요소가 모두 조화를 이루는 리더십을 '선장善將'이라 칭하며, 이들이 가는 곳에는 대적할 자가 없다고 말한다. 이는 개인의 노력만으로는 한계가 있으며, 외부환경, 내부자원, 그리고 사람의 마음을 모두 아우르는 총체적인 리더십이 진정한 성공을 이끈다는 깊은 의미를 담고 있다.

제갈량은 전장戰場을 넘어 세상의 흐름을 읽는 데 능했다.

제갈량은 『맹자』의 구절을 인용해 다음고 같이 말한다.

"천시天時, 지리地利, 인화人和. 이 세 가지가 갖춰질 때, 비로소 천하를 얻는다."

'천하天下'는 단순히 권력을 얻는 법이 아니다. 그것은 성공의 본질을 꿰뚫는 세 가지 형세, '때를 아는 지혜, 자리를 잡는 통찰, 사람을 얻는 덕목'을 말한다.

오늘날의 삶에서도, 우리는 수많은 선택과 도전 앞에 서 있다. 하지만 제갈량은 말한다. 성공은 혼자의 힘으로 이루어지는 것이 아니라 때를 알고, 자리를 잡고, 사람과 뜻을 함께할 때 비로소 가능하다고!

'천하'는 리더의 시야이며, 조직과 공동체를 이끄는 전략의 근간이다. 제갈량은 이 세 가지 형세를 병법 속에 새겨, 리더가 흔들리지 않고 중심을 잡을 수 있도록 이끌었다.

나의 워크시트
나의 성공은 '천지인天地人'의 조화를 이루고 있는가?

제갈량의 가르침을 통해, 우리는 성공을 위한 완벽한 삼위일체를 배웠다. 이제 이 지혜를 우리 삶에 적용해 볼 시간이다.

생각해 보기

- 당신이 최근에 추진했던 프로젝트나 목표에서 '천天, 지地, 인人' 중 가장 유리했던 요소는 무엇이었는가? 반대로 가장 부족했던 요소는 무엇이었는가?
- 당신이 속한 조직의 '지리'적 강점(예: 독점적 기술, 효율적인 생산 시스템 등)은 무엇이라고 생각하는가?
- 당신은 리더로서 '사람'의 마음을 얻기 위해 어떤 노력을 하고

있는가? 팀원들의 마음을 하나로 모으는 가장 효과적인 방법은 무엇이라고 생각하는가?

실천 과제

- 이번 주 안에 당신의 업무나 프로젝트와 관련된 '천天'의 흐름(최신 뉴스나 보고서)을 파악하는 시간을 1시간 이상 가져보자. 그리고 그 흐름을 팀원들과 공유하는 작은 미팅을 주선해 보자.
- 당신의 팀원 중 한 사람을 칭찬할 때, 그의 개인적인 능력(地)뿐만 아니라 그가 다른 팀원들과 협력하는 모습(人)에 대해서도 구체적으로 언급해 보자.

勝敗 승패
승리와 패배의 징조

賢才居上, 不肖居下 三軍悅樂,
현재거상, 불초거하 삼군열락,
士卒畏懼 相議以勇鬪, 相望以威武, 相勸以刑賞 此 必勝之徵也.
사졸외구 상의이용투, 상망이위무, 상권이형상 차 필승지징야.
三軍數驚, 士卒惰慢, 下無禮信, 人不畏法, 相恐以敵,
삼군삭경, 사졸타만, 하무례신, 인불외법, 상공이적,
相語以利, 相囑以禍福, 相惑以妖言 此 必敗之也.
상어이리, 상촉이화복, 상혹이요언 차 필패지야.

"어진 인재가 윗자리에 있고,
불초한 사람이 아랫자리에 있으면 삼군이 기뻐하고 즐거워하며,
병사들이 (윗사람을) 두려워하고 존경하며,
서로 용맹하게 싸울 것을 의논하고,
서로 위엄과 무용을 바라보며,
서로 상과 벌로써 격려하면 이것은 반드시 승리할 징조이다.
반면에 삼군이 자주 놀라고, 병사들이 게으르고 거만하며,
아랫사람이 예의와 신의가 없고,

사람들이 법을 두려워하지 않으며,
서로 적을 두려워하고, 서로 이익을 말하며,
서로 화와 복으로 꾸짖고,
서로 요사스러운 말로 현혹시킨다면,
이것은 반드시 패할 징조이다."

현대적 의미
조직의 승패를 결정하는 두 가지 얼굴

제갈량은 이 장에서 조직의 성공과 실패가 단순한 외부 환경이나 전략이 아닌, 조직 내부의 분위기와 구성원들의 태도에 달려 있다고 말한다. 그는 승리하는 조직과 패배하는 조직의 특징을 극명하게 대조하며, 리더에게 조직의 현주소를 진단할 수 있는 명확한 기준을 제시한다.

승리의 징조

인재의 적재적소 : 유능한 사람이 리더의 자리에 있고, 그렇지 못한 사람이 그에 맞는 자리에 있을 때 조직은 안정된다.
긍정적 조직 문화 : 조직원들이 즐겁게 일하고, 서로를 존경하며, 용기를 북돋아 주는 문화가 형성된다.
공정한 시스템 : 상과 벌이 공정하게 집행되므로, 모두가 올바른

행동을 추구하고 서로를 독려한다.

패배의 징조

빈번한 혼란 : 불확실한 리더십과 무질서한 상황으로 인해 조직원들이 불안해 하고 자주 흔들린다.
해이해진 기강 : 구성원들이 게으르고 오만해지며, 서로 존중하지 않고 약속을 지키지 않는다.
사리사욕의 만연 : 공동의 목표보다 개인적인 이익을 우선시하며, 서로를 속이고 비방하는 문화가 퍼진다.

결론적으로, 제갈량은 리더가 조직의 사기와 분위기를 파악하는 것이야말로 승패를 예측하는 가장 중요한 지표라고 말한다. 진정한 승리는 구성원들이 자발적으로 헌신하고 서로를 신뢰하는 긍정적 조직 문화에서 시작된다.

제갈량은 전쟁의 결과를 단지 운에 맡기지 않았다.
제갈량은 말한다.
"승리는 조짐이 있고, 패배는 흔적이 있다."

'승패勝敗'는 단순한 전투의 결과가 아니다. 그것은 리더의 태도, 조직의 분위기, 상황의 흐름 속에 이미 드러나는 징후이다. 제갈량은 싸움이 시작되기 전에 이미 이길 수 있는가를 판단했고, 패배의 그림자가 드리우기 전에 그것을 걷어낼 방법을 찾았다.

오늘날의 삶에서도, 우리는 수많은 선택과 도전 앞에 서 있다. 그 선택이 성공으로 이어질지, 실패로 끝날지는 결과가 아니라 과정 속에 이미 드러나 있다. 리더는 그 징조를 읽을 줄 알아야 하며, 조직은 그 흐름을 감지하고 조율할 수 있어야 한다.

'승패'는 단순한 운이 아니다. 준비와 통찰, 그리고 흐름을 읽는 지혜의 결과이다.

나의 워크시트
나의 조직은 '승리의 징조'를 보이는가?

제갈량의 가르침을 통해, 우리는 조직의 성공과 실패를 예측하는 명확한 기준을 배웠다. 이제 이 지혜를 우리 삶에 적용해 볼 시간이다.

생각해 보기

- 당신이 속한 팀이나 조직의 분위기는 '승리의 징조'와 '패배의 징조' 중 어느 쪽에 더 가깝다고 생각하는가? 그 이유는 무엇

인가?
- 당신은 팀의 사기를 꺾는 '게으름'이나 '요사스러운 말'에 동참하고 있지는 않은가?
- '어진 사람'을 윗자리에 두는 것이 승리의 징조라고 했다. 당신이 리더라면, 어떻게 유능한 인재를 발굴하고 그들을 적재적소에 배치할 수 있을까?

실천 과제

- 이번 주 안에 당신의 팀이나 조직에서 긍정적인 분위기를 조성하기 위한 작은 행동을 한 가지 실천해 보자. (예: 팀원들의 작은 성과를 칭찬하기, 팀 회의에서 긍정적인 발언 먼저 하기 등.)
- 당신의 팀이나 조직의 '패배의 징조'를 한 가지 찾아내고, 그 징조를 개선하기 위한 구체적인 아이디어를 제안해 보자.

假權 가권
권한 위임의 중요성

夫將者 人命之所懸也, 成敗之所繫也, 禍福之所倚也.
부장자 인명지소현야, 성패지소계야, 화복지소의야.

而上不假之以賞罰 亦猶束猿猴之手,
이상불가지이상벌 역유속원후지수,

而責之以騰捷, 膠離婁之目, 而使之辯青黃, 不可得也.
이책지이등첩, 교리루지목, 이사지변청황, 불가득야.

若賞移在權臣, 罰不由主將 人苟自利 誰懷鬪心.
약상이재권신, 벌부유주장 인구자리 수회투심.

雖伊呂之謨 韓白之功 而不能自衛也.
수이려지모 한백지공 이불능자위야.

故 孫武曰 "將之出 君命 有所不受",
고 손무왈 '장지출 군명 유소불수'

周亞夫曰 "軍中 聞將軍之命, 不聞有天子之詔."
주아부왈 '군중 문장군지명, 불문유천자지소.'

"무릇 장수는 사람의 목숨이 달려 있고,
성공과 실패, 화와 복이 모두 여기에 달려 있다.

그런데 윗사람이 그에게 상벌의 권한을 주지 않는다면
이는 마치 원숭이의 손을 묶어 놓고 재빠르게 오르라고 책망하며,
명궁 '이루離婁'의 눈을 아교로 붙여놓고
푸른색과 노란색을 분별하라고 시키는 것과 같으니,
그렇게 할 수는 없는 일이다.
만약 상이 권세 있는 신하에게 옮겨지고,
벌이 장수의 손을 거치지 않는다면,
사람들이 진실로 자기 이익만을 좇을 텐데 누가 싸우려는 마음을 품겠는가. 비록 이윤(伊尹; 은나라의 명재상)과 여상呂尙 같은 뛰어난 계책과
한신韓信과 백기白起 같은 큰 공을 지녔더라도
스스로를 지킬 수 없을 것이다.
그러므로 손무孫武가 말하기를,
'장수가 출전하면 군주의 명령도 받지 않을 때가 있다'고 하였으며,
주아부(周亞夫; 중국 전한의 명장)는 말하기를,
'군대 안에서는 장군의 명령만 듣고,
천자의 조서는 듣지 않는다'고 하였다."

현대적 의미
권한 없는 리더는 무능력하다

제갈량은 리더에게 충분한 권한을 위임하는 것이 조직의 성공을 위해 얼마나 중요한지를 강조한다. 그는 비유를 통해 권한 없는 리

더십의 치명적인 한계를 생생하게 보여주고 있다.

권한 위임의 부재는 무능력으로 이어진다 : "원숭이의 손을 묶고 재주를 부리라"는 것은 리더에게 책임만 부여하고 권한은 주지 않는 상황을 비판한다. 리더가 팀원을 평가하고 보상할 수 있는 권한이 없다면, 팀원들의 동기를 부여할 수 없고 결국 아무런 성과도 낼 수 없다.

보상체계의 혼란이 조직을 무너뜨린다 : 상과 벌이 리더가 아닌 다른 사람에게서 주어진다면, 사람들은 리더를 따르지 않고 이익을 주는 사람에게만 충성하게 된다. 이는 조직의 질서를 파괴하고 내부 경쟁을 유발하며, 결국 유능한 리더마저 무력하게 만든다.

최고 리더의 역할 : 손무와 주아부의 이야기는 위임의 정수를 보여준다. 최고 리더(군주)는 전략적 판단에 대한 전권을 중간 리더(장수)에게 넘겨야 한다. 리더가 현장에서 신속하고 정확하게 결정할 수 있도록 간섭을 최소화하고 신뢰를 보여주는 것이 진정한 리더십이다.

결론적으로, 제갈량은 리더십의 본질이 단순히 명령을 내리는 것에 있지 않고, 권한과 책임을 동시에 부여받아 스스로 판단하고 행동할 수 있는 자율성에 있다고 말한다. 제갈량은 모든 일을 직접 처리하지 않았다.

제갈량은 말한다.

"권한을 나누지 않으면, 뜻은 좁아지고, 힘은 흩어진다."

'가권假權'은 단순한 위임이 아니다. 그것은 리더가 사람을 믿고, 그 믿음을 통해 조직의 역량을 확장시키는 전략이다.

오늘날의 조직에서도, 리더가 모든 것을 통제하려 하면 결국 조직은 느려지고, 구성원은 성장하지 못한다. 제갈량은 말한다. 진정한 리더는 권한을 나누되 책임을 함께 지며, 사람이 스스로 빛날 수 있도록 돕는 자라고.

'가권'은 리더의 통찰력과 용기, 그리고 신뢰의 기술이다. 제갈량은 병법 속에 이 원칙을 새겨 조직이 유기적으로 움직이고, 사람이 자율적으로 성장할 수 있도록 이끌었다.

나의 워크시트
나의 리더십 '권한'은 어디에 있는가?

제갈량의 가르침을 통해, 우리는 권한위임의 중요성을 배웠다. 이제 이 지혜를 우리 삶에 적용해 볼 시간이다.

생각해 보기

- 당신이 속한 조직에서 리더의 권한이 부족하여 실패했던 경험

이 있는가? 그때의 상황과 원인은 무엇이었다고 생각하는가?
- 당신이 리더라면, 당신이 가진 권한 중 어떤 부분을 팀원들에게 위임하여 그들의 성장을 돕고 싶은가?
- 만약 당신의 팀원 중 누군가가 자신만의 이익만을 추구한다면, 그 원인이 '권한 부족'에 있을 수 있다고 생각하는가?

실천 과제

- 이번 주 안에 당신의 팀원 한 명에게 그가 스스로 결정할 수 있는 작은 업무나 권한을 위임해 보자. 그리고 그 결과를 전적으로 믿고 지켜보는 연습을 해보자.
- 당신이 속한 조직의 보상 시스템에 대해 생각해 보자. 보상이 공정하게 이루어지지 않는다고 느낀다면, 그것을 개선하기 위한 구체적인 아이디어를 한 가지 제안해 보자.

리더는 부하들의 고통과 기쁨을
함께 나누는 따뜻한 마음을 가져야 한다.
위험에 먼저 나서고, 공적에서는 뒤로 물러나며,
죽은 자를 애도하고,
어려운 자를 보살피는 부성애적 리더십이
조직의 승리를 이끈다.

"부하의 죽음을 듣고 슬퍼하지 않는다면,
어찌 그들의 마음을 얻을 수 있겠는가."

CHAPTER 5

인재와 참모 활용

혼자 이길 수는 없다

제갈량은 인재를 알아보고, 적재적소에 배치하는 데 탁월했다.
그는 참모의 역할과 유형을 구분하고, 리더가 누구와 함께해야 하는
지를 명확히 했다.

이 장의 주제는 리더가 인재를 어떻게 가려 쓰고,
핵심 참모를 어떻게 활용해야 하는지를 다룬다.
리더십은 혼자 빛나는 것이 아니라
함께 빛나는 것이기 때문이다.
"현명한 자를 가까이하고, 충직한 자를 등용하라."

擇材 택재
인재를 가려 쓰는 법

夫師之行也 有好鬪樂戰, 獨取強敵者 聚爲一徒, 名曰 報國之士.
부사지행야 유호투낙전, 독취강적자 취위일도, 명왈 보국지사.

有氣冠三軍 才力勇鬪者 聚爲一徒, 名曰 突陣之士.
유기관삼군 재력용투자 취위일도, 명왈 돌진지사.

有輕足善步 走如奔馬者 聚爲一徒, 名曰 攀旗之士.
유경족선보 주여분마자 취위일도, 명왈 거기지사.

有騎射若飛 發無不中者 聚爲一徒, 名曰 爭鋒之士.
유기사약비 발무부중자 취위일도, 명왈 쟁봉지사.

有射必中, 中必死者 聚爲一徒, 名曰 飛馳之士.
유사필중, 중필사자 취위일도, 명왈 비치지사.

有善發強弩 遠而必中者 聚爲一徒, 名曰 摧鋒之士.
유선발강노 원이필중자 취위일도, 명왈 최봉지사.

此 六軍之善士, 各因其能而用之.
차 육군지선사, 각인기능이용지.

"대개 군사를 이끌 때 싸우기를 좋아하고 즐기며 혼자서도 강한 적을 이겨내는 자가 있으면 이들을 모아 한 무리로 만드니, 이름을 보국報國의 용사라 한다.

기세가 삼군 중에 으뜸이며 재주와 힘이 있고
용감하게 잘 싸우는 자가 있으면, 이들을 모아 돌진突陣의 용사라 한다.

발걸음이 가벼워 달리기를 마치 말과 같이하는 자가 있으면,

이들을 모아 깃발(攀旗)의 용사라 한다.

말을 타고 달리며 활을 쏘는 것이

나는 듯하여 쏘는 대로 맞히는 자가 있으면,

이들을 모아 선봉先鋒의 용사라 한다.

쏘면 반드시 명중하고,

명중하면 반드시 적을 죽음에 이르게 하는 자가 있으면,

이들을 모아 비치飛馳의 용사라 한다.

강한 활을 잘 쏘아 멀리 있는 것도 반드시 맞히는 자가 있으면,

이들을 모아 기세를 꺾는(摧鋒) 용사라 한다.

이들은 여섯 부류의 훌륭한 군사들이니,

각각 그 능력에 따라 써야 한다."

현대적 의미
적재적소適材適所의 리더십

제갈량은 이 장에서 인재를 알아보는 안목과 그들을 적재적소에 배치하는 지혜를 강조한다. 그는 병사들의 개별적인 특성을 세밀하게 분류하고, 그에 맞는 역할을 부여하는 것이 승리의 핵심이라고

말한다. 이는 오늘날 조직에서 팀원의 강점을 파악하고 그에 맞는 업무를 맡기는 것과 같다.

용맹한 돌격대(報國之士 突陣之士) : 이들은 경쟁을 즐기며, 어떤 장애물도 뚫고 나아가는 강력한 실행력과 추진력을 가진 인재이다. 위기상황에서 주도적으로 문제를 해결하거나 새로운 시장에 도전하는 역할을 맡기기에 적합하다.

민첩한 정보 전달자(擧旗之士) : 빠르게 상황을 파악하고 정확한 정보를 전달하는 능력을 갖춘 인재이다. 시장의 트렌드를 분석하거나 팀내 소통을 원활하게 하는 역할을 맡기면 좋다.

정확한 전략가(爭鋒之士 飛馳之士) : 이들은 목표를 명확히 설정하고, 오차 없이 결과를 달성하는 정교함과 전문성을 가진 인재다. 전략 수립이나 핵심 프로젝트의 성공을 이끄는 데 필요한 리더십이다.

장기적인 해결사(摧鋒之士) : 먼 거리에서도 정확히 목표물을 맞히는 능력은, 당장 눈앞의 문제보다 장기적인 관점에서 조직의 성장을 끌어내는 인재를 의미한다. 미래 전략을 수립하거나 조직의 근본적인 문제점을 해결하는 역할을 맡기기에 좋다.

제갈량의 가르침은 모든 사람이 같은 임무를 수행해야 한다고 생각하는 것은 큰 착각이며, 진정한 리더는 각기 다른 사람들의 재능을 정확히 파악하고, 그들의 강점이 최대한 발휘될 수 있는 환경을 만들어 주어야 한다는 것을 강조한다.

제갈량은 말한다.

"재능은 쓰임에 따라 빛나고, 자리는 사람에 따라 정해진다."

'택재擇材'는 단순히 능력 있는 사람을 고르는 것이 아니다. 그것은 사람의 성향과 기질, 강점과 약점을 꿰뚫어 보고 그에 맞는 역할을 부여함으로써 조직 전체가 조화롭게 움직일 수 있도록 설계하는 리더의 지혜다.

오늘날의 조직에서도, 인재는 넘쳐나지만 그 인재가 제자리에 있지 않으면 성과는 흐려지고, 사람은 지쳐간다.

제갈량은 말한다. 진정한 리더는 사람을 평가하는 것이 아니라 사람을 이해하고, 그에 맞는 자리를 찾아주는 자라고.

'택재'는 리더의 안목이며, 조직의 잠재력을 끌어올리는 가장 정교한 기술이다. 제갈량은 병법 속에 이 원칙을 새겨, 사람을 통해 전략을 완성하고, 조직을 통해 뜻을 이루는 길을 제시했다.

나의 워크시트
나의 '택재擇材' 능력은 어느 정도인가?

제갈량의 가르침을 통해, 우리는 인재의 다양성을 이해하고 활용하는 지혜를 배웠다. 이제 이 지혜를 우리 삶에 적용해 볼 시간이다.

생각해 보기

- 당신이 속한 팀이나 조직의 구성원들을 제갈량이 분류한 여섯 가지 유형에 비추어 평가해 본다면, 각 팀원은 어떤 유형에 속할까?
- 혹시 당신은 자신의 강점과 맞지 않는 역할을 맡고 있어 어려움을 겪고 있지는 않는가? 만약 그렇다면, 당신의 재능을 가장 잘 발휘할 수 있는 역할은 무엇이라고 생각하는가?
- 당신이 리더라면, 팀원들의 재능을 파악하기 위해 어떤 방법을 사용하겠는가?

실천 과제

- 이번 주 안에 당신의 팀원 한 명을 선택하여 그의 강점에 대해 깊이 생각해 보자. 그리고 그의 강점을 활용하여 팀에 이바지할 방법을 구체적으로 제안해 보자.
- 자기 자신의 강점과 약점을 객관적으로 분석하는 시간을 가져 보자. 그리고 그 결과를 바탕으로 당신의 잠재력을 최대한 끌어올릴 수 있는 새로운 목표를 한 가지 설정해 보자.

腹心 복심
리더의 핵심 참모

夫爲將者 必有腹心, 耳目爪牙.
부위장자 필유복심, 이목조아.

無腹心者 如人夜行 無所措手足, 無耳目者 如冥然而居 不知運動.
무복심자 여인야행 무소조수족, 무이목자 여명연이거 부지운동.

無爪牙者 如飢人 食毒物 無不死矣.
무조아자 여기인 식독물 무불사의.

故 善將者 必有博聞多智者 爲腹心,
고 선장자 필유박문다지자 위복심,

沉審 謹密者 爲耳目, 勇悍善敵者 爲爪牙.
심심 근밀자 위이목, 용한선적자 위조아.

"무릇 장군이 된 자는 반드시
복심(腹心: 심복), 이목(耳目: 귀와 눈), 조아(爪牙: 손톱과 어금니)를 두어야 한다.
복심이 없는 자는 사람이 밤에 길을 걷는 것 같아
손발을 어디에 둘지 모르고,
이목이 없는 자는 어둠 속에 거하는 것 같아

상황의 움직임을 알지 못한다.
조아가 없는 자는 배고픈 사람이
독이 든 음식을 먹는 것 같아 죽지 않을 수 없다.
그러므로 훌륭한 장수는
반드시 널리 들으며 지혜가 많은 자를 복심으로 삼고,
깊이 살피며 신중하고 치밀한 자를 이목으로 삼으며,
용맹하고 적을 잘 막아내는 자를 손톱과 어금니로 삼아야 한다."

현대적 의미
리더의 성공을 돕는 세 가지 핵심 참모

제갈량은 리더가 혼자서 모든 것을 해낼 수 없다고 말하며, 통솔력의 완성은 곁에 두는 핵심 참모들의 역할에 달려 있다고 강조한다. 그는 이들을 인체의 중요 부위에 비유하며, 각기 다른 역할을 맡은 세 부류의 참모가 필요하다고 말한다.

복심腹心, 깊이 생각하는 멘토 : 널리 배우고 지혜가 많은 사람이다. 이들은 리더의 가장 가까운 곳에서 전략을 함께 고민하고, 비전을 제시하는 역할을 한다. 리더가 나아가야 할 방향을 잃지 않도록 돕는 존재다.

이목耳目, 상황을 살피는 정보통 : 신중하고 치밀하게 상황을 살피는 사람이다. 이들은 외부의 정보를 정확히 수집하고, 내부의 미묘한 흐름을 감지하여 리더가 현명한 결정을 내릴 수 있도록 돕는 역할을 한다. 이목이 없다면 리더는 눈먼 사람처럼 움직일 수밖에 없다.

조아爪牙, 위기를 막아내는 해결사 : 용맹하고 실전에 강한 사람이다. 이들은 리더를 직접 보호하고, 외부의 위협을 막아내며, 결정적인 순간에 문제를 해결하는 실행 역할을 한다. 이들의 부재는 곧 치명적인 위기로 이어진다.

결국, 제갈량은 리더가 이 세 종류의 참모를 모두 갖추고 이들의 역량을 적재적소에 활용해야만, 조직을 성공으로 이끌고 자신을 지킬 수 있다고 말하고 있다.

제갈량은 혼자 싸우지 않았다.

제갈량은 말한다.

"복심이 없으면 뜻은 흩어지고, 뜻이 흩어지면 군은 무너진다."

'복심腹心'은 단순히 가까운 사람이 아니다. 그것은 리더의 뜻을 깊이 이해하고, 그 뜻을 실현하기 위해 함께 고민하고 움직이는 존재이다. 제갈량은 유비의 복심이었고, 그는 유비의 뜻을 이어받아 나라를 지키고 백성을 살폈다.

오늘날의 조직에서도, 리더는 혼자 모든 것을 결정할 수 없다. 리더의 곁에는 반드시 뜻을 함께하는 사람이 있어야 하며, 그 사람이야말로 조직의 방향을 함께 설계하고, 위기 속에서도 흔들리지 않는 중심이 된다.

'복심'은 리더의 거울이며, 조직의 심장과 같은 존재이다. 제갈량은 병법 속에 이 원칙을 새겨, 리더가 사람을 얻는 법, 그리고 그 사람과 뜻을 나누는 법을 남겼다.

나의 워크시트
나의 '복심, 이목, 조아'는 누구인가?

제갈량의 가르침을 통해, 우리는 리더가 혼자가 아님을, 그리고 함께하는 사람들의 중요성을 배웠다. 이제 이 지혜를 우리 삶에 적용해 볼 시간이다.

생각해 보기

- 당신의 삶에서 '복심, 이목, 조아'의 역할을 해 주는 사람은 각각 누구인가? 그들이 당신에게 어떤 도움을 주고 있는지 구체적으로 생각해 보자.
- 당신이 리더라면, 당신의 팀원 중 누가 '복심'의 역할을, 누가 '이목'의 역할을, 누가 '조아'의 역할을 하고 있다고 생각하는가?
- 만약 이 세 역할 중 가장 부족하다고 느끼는 부분이 있다면, 그

이유는 무엇이며, 어떻게 보완할 수 있을까?

실천 과제

- 이번 주 안에 당신의 '복심, 이목, 조아' 역할을 해 주는 사람들에게 감사의 마음을 표현해 보자. 그들이 당신에게 어떤 도움을 주었는지 구체적으로 언급하면 더욱 좋다.
- 당신이 리더라면, 팀원들의 역할을 제갈량이 말한 세 가지 유형으로 분류해 보고, 그들의 강점에 맞는 새로운 기회를 부여해 보자.

三賓 삼빈
세 종류의 참모를 활용하라

三軍之行也, 必有賓客 群議得失 以資將用.
삼군지행야, 필유빈객 군의득실 이자장용.

有詞若懸流 奇謨不測, 博聞廣見 多藝多才,
유사약현류 기모불측, 박문광견 다예다재,

此 萬夫之望 可引爲上賓.
차 만부지망 가인위상빈.

有猛如熊虎, 捷若騰猿, 剛如鐵石, 利若龍泉,
유맹여웅호, 첩약등원, 강여철석, 이약용천,

此 一時之雄 可引爲中賓.
차 일시지웅 가인위중빈.

有多言或中, 薄技小才, 此 常人之能 可引爲下賓.
유다언혹중, 박기소재, 차 상인지능 가인위하빈.

"삼군을 운용할 때, 반드시 빈객賓客이 있어
여러 사람의 의견을 모아 득실을 논함으로써
장군이 활용할 자료로 삼아야 한다.
첫째, 말이 물 흐르듯 유창하고 기묘한 계책을 헤아리기 어려우며,

널리 듣고 보아 재주와 재능이 많은 자가 있다면,
이는 만인이 바라는 인물이니 상빈上賓으로 맞아들일 수 있다.
둘째, 용맹하기가 곰이나 호랑이 같고, 빠르기가 원숭이가 오르듯 하며,
굳세기가 쇠나 돌 같고, 날카롭기가 용천검과 같다면,
이는 한 시대의 영웅이니 중빈中賓으로 맞아들일 수 있다.
셋째, 말이 많지만 혹 맞는 말이 있고, 얇은 기예와 작은 재주를 가졌다면, 이는 보통 사람의 재능이니 하빈下賓으로 맞아들일 수 있다."

현대적 의미
다양한 관점을 가진 조언자를 두라

제갈량은 리더가 독단적인 결정을 피하고 다양한 사람들의 의견을 들어야 한다고 강조한다. 그는 '빈객賓客'을 리더의 의사결정을 돕는 조언자로 보고, 이들을 능력에 따라 세 부류로 나누어 각기 다른 방식으로 활용해야 한다고 말한다. 이는 현대사회에서 리더가 다양한 분야의 전문가와 소통하며, 이들의 조언을 바탕으로 현명한 결정을 내리는 것과 같다.

상빈上賓, 전략적 통찰을 주는 멘토 : 이들은 뛰어난 지혜와 깊은 통찰력을 가진 사람들이다. 리더는 이들의 조언을 통해 큰 그림을 그리고, 예상치 못한 문제에 대비하는 지혜를 얻을 수 있다. 상빈은

CEO나 최고 전략 참모의 역할을 한다.

중빈中賓, 강력한 실행력을 가진 전문가 : 이들은 실무에 능하고 강력한 추진력을 가진 사람들이다. 이들의 조언은 리더가 목표를 달성하기 위한 구체적인 방법과 전략을 실행하는 데 큰 도움이 된다. 중빈은 뛰어난 실무 능력을 갖춘 팀장이나 전문가의 역할을 한다.

하빈下賓, 다양한 관점을 가진 대중 : 이들은 평범한 사람들처럼 보이지만, 그들의 의견 속에는 때때로 핵심을 꿰뚫는 통찰이 담겨 있다. 리더는 이들의 말을 경청하여 대중의 정서와 현실적인 문제를 파악하고, 놓치기 쉬운 부분을 보완할 수 있다. 하빈은 현장의 직원이나 고객, 일반 대중의 의견을 대표한다.

결론적으로, 제갈량은 진정한 리더는 모든 계층의 사람들에게 귀를 기울여야 하며, 각기 다른 능력과 관점을 가진 이들의 조언을 모아 현명한 의사결정의 기반으로 삼아야 한다고 강조한다.

제갈량은 말한다.
"한 사람의 지혜는 한계가 있고, 세 종류의 참모는 그 한계를 넘는다."

'삼빈三賓'은 리더가 반드시 곁에 두어야 할 세 부류의 참모를 뜻한다. 직언하는 자, 조율하는 자, 실행하는 자. 이들은 각각 다른 시선과 역할을 가지고 있지만, 함께 있을 때 비로소 리더의 판단은 깊어지고, 조직의 움직임은 유연해진다.

오늘날의 조직에서도, 리더는 혼자 결정하지 않는다. 다양한 관점과 기능을 가진 참모들이 리더의 뜻을 보완하고, 위험을 줄이며, 실행력을 높인다. 제갈량은 말한다. '진정한 리더는 사람을 모으는 것이 아니라 사람의 지혜를 엮어내는 자'라고.

'삼빈'은 리더의 전략적 감각이며, 조직의 균형과 지속성을 지키는 설계이다. 제갈량은 병법 속에 이 원칙을 새겨 리더가 혼자 빛나는 것이 아니라 함께 빛날 수 있도록 이끌었다.

나의 워크시트
나의 '삼빈三賓'을 찾아라

제갈량의 가르침을 통해 우리는 다양한 사람들의 조언을 경청하는 지혜를 배웠다. 이제 이 지혜를 우리 삶에 적용해 볼 시간이다.

생각해 보기

- 당신의 업무나 개인적인 삶에서 '상빈, 중빈, 하빈' 역할을 해 주는 사람들은 각각 누구인가? 그들이 당신에게 어떤 도움을 주고 있는지 구체적으로 생각해 보자.
- 만약 당신이 '하빈'의 의견을 듣는 것에 인색했다면, 그 이유는

무엇이었다고 생각하는가?
- 당신이 리더라면, 어떻게 팀원 모두가 자신의 의견을 자유롭게 말할 수 있는 '빈객'의 자리를 만들어줄 수 있을까?

실천 과제

- 이번 주 안에 당신의 '하빈' 역할을 해 주는 사람(예: 신입사원, 부하직원)에게 먼저 다가가 그의 의견을 경청해 보자. 그에게서 예상치 못한 통찰력을 얻을 수도 있다.
- 당신이 맡은 중요한 결정이 있다면, 그 결정에 대해 '상빈, 중빈, 하빈'에게 각각 조언을 구해 보고, 그들의 의견을 비교하며 통합하는 연습을 해보자.

인재를 가려 쓰고자 할 때는 사람의 성향과 기질,

강점과 약점을 꿰뚫어 보고

그에 맞는 역할을 부여함으로써

조직 전체가 조화롭게 움직일 수 있도록 해야 한다.

또한 독단적인 결정을 피하고

다양한 관점을 가진 조언자의 의견에 귀를 기울일 수 있어야 한다.

전략적 통찰을 주는 멘토,

강력한 실행력을 가진 전문가,

다양한 관점을 가진 대중의 의견을 모아

현명한 의사결정의 기반으로 삼을 때

천고의 리더로서의 자질을 갖출 수 있다.

CHAPTER 6

전장의 기술과 응변

싸움은 기술이다

전장은 예측불가능한 곳이다.
제갈량은 환경을 읽고, 적의 심리를 꿰뚫으며,
기미를 포착하는 능력을 강조한다.
이 장의 주제는 리더가 위기에 대처하고, 유리한 조건을 활용하며,
싸움의 기술을 익히는 데 초점을 맞춘다. 싸움은 피할 수 없을 때,
가장 지혜롭게 싸우는 법을 아는 것이 리더의 마지막 무기다.

"형세를 살피고, 기회를 잡는 자가 승리한다."

沒應 몰응
침착하게 위기에 대처하는 지혜

❖

若乃圖難於易, 爲大於細, 先動後用, 刑於無刑, 此 用兵之智也.

약내도난어이, 위대어세, 선동후용, 형어무형, 차 용병지지야.

師徒已列 戎馬交馳, 强弩纔臨 短兵又接,

사도이열 융마교치, 강노재림 단병우접,

乘威布信 敵人告急, 此 用兵之能也.

승위포신 적인고급, 차 용병지능야.

身衝矢石 爭勝一時, 成敗未分 我傷彼死, 此 乃用兵之下也.

신충시석 쟁승일시, 성패미분 아상피사, 차 내용병지하야.

"만약 어려움을 도모하되
쉬운 곳에서 먼저 시작하고,
큰일을 이루려 하되 작은 일부터 하며,
먼저 행동하고 나중에 (결과를) 활용하고,
형벌을 내리되 형벌이 없는 듯이 한다면,
이는 군사를 운용하는 지혜이다.
군사들이 이미 진을 치고 전마가 서로 달리며,
강한 활이 겨우 임하고

짧은 병기가 또 접전하는 상황에서,
위엄을 타고 신의를 베풀어
적이 위급함을 알리게 한다면,
이는 군사를 운용하는 능력이다.
자기 몸이 화살과 돌에 부딪히며 한때의 승리를 다투어,
성패가 아직 나뉘지 않은 상황에서
나는 상처를 입고 적은 죽는다면,
이는 군사를 운용하는 하책下策이다."

현대적 의미
리더의 세 가지 등급, '지혜, 능력 그리고 하책'

제갈량은 리더의 역량을 세 가지 등급으로 나누어 설명한다. 최고의 리더는 '지혜'로, 그 다음은 '능력'으로, 최하위는 '하책'으로 문제를 해결한다고 말하며, 이는 현대사회의 리더십 모델과도 일치한다.

지혜로운 리더(智) : 이들은 문제를 예측하고, 복잡한 일을 간단하게 만들며, 큰일을 작은 단위로 나누어 처리한다. 위기가 닥치기 전에 미리 예방하는 능력을 갖췄기에, 사람들에게 '형벌이 없는 듯' 보일 정도로 매끄럽게 조직을 운영한다.

능력 있는 리더(能) : 이들은 이미 발생한 위기 상황에서 탁월한 대

처 능력을 발휘한다. 혼란스러운 상황에서도 침착하게 대응하여 팀원들에게 신뢰를 주고, 결국 위기를 기회로 바꿔 승리를 끌어낸다.

하책의 리더(下) : 이들은 문제를 예상하지 못하고, 위기가 닥치면 자신의 몸으로 직접 부딪히며 해결하려 한다. 성과가 불분명하고, 그 과정에서 팀과 자신에게 큰 상처를 입힌다. 이는 무모하고 비효율적인 통솔력의 전형이다.

결론적으로, 제갈량은 진정한 리더는 문제의 본질을 꿰뚫고, 위기를 미리 방지하는 선견지명先見之明의 지혜를 가져야 한다고 말하고 있다.

제갈량은 말한다.
"위기 앞에서 흔들리는 자는, 이미 패배한 것이다."

'몰응沒應'은 위기 상황에서 즉각 반응하지 않고, 먼저 상황을 가라앉히고, 그 본질을 꿰뚫은 뒤에 움직이는 리더의 태도다.

그는 전장에서 갑작스러운 공격이나 혼란이 닥쳤을 때, 감정에 휘둘리지 않고 침묵 속에서 해답을 찾았다. 그 침착함은 병사들에게 안정감을 주었고, 조직 전체를 흔들림 없이 이끌었다.

오늘날의 삶에서도, 위기는 예고 없이 찾아온다. 그 순간, 리더의 반응은 조직의 방향을 결정짓는다.

제갈량은 말한다. 진정한 리더는 먼저 자신을 다스리고, 그다음에 상황을 다스릴 수 있어야 한다고.

'몰입'은 리더의 내면에서 시작되는 전략이며, 혼란 속에서도 중심을 지키는 지혜이다.

나의 워크시트
나는 어떤 등급의 리더인가?

제갈량의 가르침을 통해, 우리는 리더의 세 가지 등급을 배웠다. 이제 이 지혜를 우리 삶에 적용해 볼 시간이다.

생각해 보기

- 당신이 맡은 업무나 프로젝트에서 '지혜, 능력, 하책' 중 어떤 방식으로 일을 처리하고 있는가? 구체적인 사례를 들어보자.
- "어려움을 쉬운 곳에서 도모하고, 큰 것을 작은 것부터 시작하라."라는 가르침을 당신의 삶에 어떻게 적용해 볼 수 있을까?
- 당신이 속한 조직에서 '하책'의 방식으로 문제를 해결하는 리더가 있다면, 그에게 어떤 조언을 해 주고 싶은가?

실천 과제

- 이번 주 안에 당신이 해결해야 할 가장 어려운 문제 한 가지를 '쉬운 부분'과 '작은 단위'로 나누어 보자. 그리고 가장 쉬운 부분부터 해결하는 것을 목표로 삼아보자.
- 당신의 업무에서 '위기를 미리 예방'하기 위한 구체적인 계획을 한 가지 세워보자. (예: 정기적인 백업 시스템 구축하기, 예상치 못한 문제에 대비한 비상 연락망 만들기 등.)

使利 사리
유리한 조건을 활용하는 지혜

夫草木叢集 利以遊逸, 重塞山林 利以不意,
부초목총집 이이유일, 중새산림 이이불의,

前林無隱 利以潛伏, 以少擊衆 利以日暮.
전림무은 이이잠복, 이소격중 이이일모.

以衆擊寡 利以淸晨, 強弩長兵 利以捷次,
이중격과 이이청신, 강노장병 이이첩차,

蹂淵隔水 風火暗昧 利以搏前擒後.
유연격수 풍화암매 이이박전금후.

"무릇 초목이 무성하게 모인 곳에서는 유유자적하게 행동하는 것이 이롭고, 산림이 겹겹이 막힌 곳에서는 예상치 못하게 행동하는 것이 이롭다.
앞쪽에 숨을 곳이 없는 숲에서는 잠복하는 것이 이롭고,
적은 병력으로 많은 적을 공격할 때는 해질녘이 이로우며,
많은 병력으로 적은 병력을 공격하려 할 때는 새벽이 이롭다.
강한 활과 긴 병기를 쏠 때는 재빠르게 차례를 짓는 것이 이롭고,
못을 건너고 강을 가로막아 바람과 불이 어두워질 때는

앞에서 치고 뒤에서 사로잡는 것이 이롭다."

현대적 의미
유리한 조건을 찾아 활용하는 전략

제갈량은 승리를 위해 자신에게 유리한 조건을 적극적으로 활용하는 지혜를 강조한다. 이는 단순한 기술이 아니라 상황을 정확하게 파악하고 그 환경을 역이용하는 뛰어난 통찰력이다. 현대의 비즈니스나 개인의 삶에서도 이 원칙은 그대로 적용될 수 있다.

환경을 읽어라 : '초목이 우거진 곳'처럼 경쟁이 치열하지 않은 시장에서는 여유롭게 기회를 탐색하는 것이 이롭다. 반대로 '겹겹이 막힌 산림'과 같은 예측이 불가능한 상황에서는 상대가 예상치 못한 혁신적인 전략을 구사하는 것이 유리하다.

타이밍을 잡아라 : '적은 수로 많음을 칠 때는 해질녘', '많은 수로 적음을 칠 때는 새벽'이라는 가르침은 절대적인 힘이 아닌 타이밍이 승패를 좌우한다는 것을 보여준다. 약자는 상대의 허점을 찌를 수 있는 때를 기다려야 하고, 강자는 상대가 미처 준비하지 못한 순간을 공략해야 한다.

자원의 강점을 활용하라 : '강한 활과 긴 병기'는 우리 팀이 가진 독점적인 기술이나 자원을 의미한다. 이를 활용할 때는 최대한 효율적으로, 빠르게 기회를 잡아 성과를 내는 것이 중요하다.

결론적으로, 제갈량은 지혜로운 리더는 상황을 탓하지 않고, 주어진 모든 조건을 자세히 분석하여 자신에게 유리한 '최적의 해답'을 찾아내는 사람이라고 말한다.

제갈량은 말한다.
"형세를 살피고, 이익을 취하되, 지나치지 말라."

'사리'는 단순히 유리한 조건을 이용하는 것이 아니다. 그것은 상황을 정밀하게 분석하고, 그 속에서 가장 적절한 자원과 위치, 타이밍을 선택하는 전략적 판단이다.

그는 전장에서 지형을 활용하고, 상대의 약점을 찔렀으며, 자신의 부족한 점은 환경의 이점으로 보완했다. 제갈량에게 '이익'은 단지 물질이 아니라 흐름과 구조, 사람의 마음마저 포함된 총체적 자산이었다.

오늘날의 삶에서도, 우리는 수많은 조건 속에 놓여 있다. 그 조건을 어떻게 활용하느냐에 따라 같은 상황에서도 결과는 달라진다.

제갈량은 말한다. '진정한 리더는 조건을 선택하는 것이 아니라 조건을 설계하고 활용하는 자'라고.
'사리'는 리더의 현실 감각이며, 조직의 생존과 도약을 이끄는 실천적 지혜이다.

나의 워크시트
나의 '유리함'은 무엇인가?

제갈량의 가르침을 통해, 우리는 환경을 분석하고 유리한 조건을 활용하는 지혜를 배웠다. 이제 이 지혜를 우리 삶에 적용해 볼 시간이다.

생각해 보기

- 당신이 현재 진행 중인 프로젝트나 업무에서 당신에게 가장 유리한 '조건'은 무엇이라고 생각하는가?
- 당신이 약자로서 강자를 이겨야 할 때, '해질녘'과 같은 최적의 타이밍은 언제라고 생각하는가?
- 당신의 팀이나 개인이 가진 '강한 활과 긴 병기'는 무엇인가?
  (예: 뛰어난 기술력, 독특한 아이디어, 강력한 팀워크 등.)

실천 과제

- 이번 주 안에 당신의 가장 큰 강점(기술, 인맥, 경험 등)을 활용하여 목표를 달성할 수 있는 구체적인 방법을 한 가지 찾아보자.
- 당신의 팀에서 '약점'으로 여겨지는 부분을 오히려 '강점'으로 바꿀 수 있는 창의적인 아이디어를 하나 제안해 보자.

應機 응기
기미機微를 포착하는 지혜

夫必勝之術 合變之形 在於機也, 非智者 孰能見機而作.
부필승지술 합변지형 재어기야, 비지자 숙능견기이작.

見機之道 莫先於不意故.
견기지도 막선어불의고.

猛獸失險 童子持戟以追之, 蜂蠆發毒, 壯士徬徨而失色.
맹수실험 동자지극이추지, 봉만발독, 장사방황이실색.

以基 禍出不圖, 變速非慮.
이기화출부도, 변속비려.

"무릇 반드시 이기는 기술과 상황에 맞춰 변화하는 형태는
기미機微에 달려 있다.
지혜로운 사람이 아니면
누가 능히 기미를 보고 움직일 수 있겠는가.
기미를 보는 방법은 예상치 못한 것을 먼저 살피는 것이다.
그러므로 사나운 짐승이 험한 은신처를 잃으면
아이도 창을 들고 쫓을 수 있고,
벌이 독을 쏘면 장사壯士라도 당황하여 얼굴빛을 잃게 된다.

이는 화禍가 도모하지 않은 곳에서 나오고,
변화는 생각지 않은 속도로 일어나기 때문이다."

현대적 의미
위기는 예측이 불가능한 곳에서 온다

제갈량은 진정한 지혜의 활용은 '기미機微'를 포착하는 능력에 있다고 말한다. 그는 예상치 못한 곳에서 갑자기 발생하는 위기나 기회를 놓치지 않는 것이 성공의 핵심임을 강조한다. 이는 현대사회의 리더들에게도 깊은 통찰을 제공한다.

예측 불가능성의 시대 : "맹수가 은신처를 잃으면 아이도 쫓는다"는 비유는, 절대적 강자라도 예상치 못한 약점을 보일 때 순식간에 무력해진다는 것을 보여준다. 오늘날의 시장에서도 마찬가지다. 거대한 기업이라도 작은 스타트업의 예상치 못한 혁신에 무너지기도 한다.

지혜와 용기의 결합 : "지혜로운 사람이 아니면 누가 기미를 보고 움직일 수 있겠는가?"라는 질문은, 기회를 포착하는 것이 단순히 아는 것에서 그치지 않고, 적절한 시기에 과감하게 행동하는 용기까지 포함한다는 것을 의미한다.

갑작스러운 변화에 대한 경계 : "화는 도모하지 않은 곳에서 나오고, 변화는 생각지 않은 속도로 일어난다"는 구절은 예측 불가능한 위기에 대한 경각심을 일깨운다. 리더는 항상 최악의 상황을 염두에 두고, 갑작스러운 변화에 대비할 수 있는 민첩성을 길러야 한다.

결론적으로, 제갈량은 진정한 리더는 눈에 보이는 것 너머의 미묘한 기미를 읽고, 그것에 침착하게 반응하여 승리를 만들어내는 사람이라고 말하고 있다.

제갈량은 말한다.
"큰 흐름은 누구나 보지만, 승패는 작은 기미에서 갈린다."

'응기應機'는 단순히 기회를 잡는 것이 아니다. 그것은 상황의 미세한 변화, 사람의 감정의 떨림, 조직의 분위기 속에 숨어 있는 조짐을 감지하고 그에 맞춰 움직이는 리더의 섬세한 통찰이다.

그는 전장에서 바람의 방향, 병사의 눈빛, 적의 침묵 속에 숨은 의도를 읽어내며 그 작은 기미를 전략의 전환점으로 삼았다.

오늘날의 삶에서도, 결정적인 순간은 크게 드러나지 않고 조용히 지나간다. 리더는 그 조용한 순간을 감지하고, 그에 맞춰 움직일 줄 알아야 한다. 제갈량은 말한다. 진정한 전략은 큰 소리보다 작은 떨림에서 시작된다고.

'응기'는 리더의 직관이며, 조직의 방향을 바꾸는 가장 섬세한 기술이다.

나의 워크시트
나는 '기미機微'를 읽는가?

제갈량의 가르침을 통해, 우리는 예측 불가능한 상황에서 기회를 포착하는 지혜를 배웠다. 이제 이 지혜를 우리 삶에 적용해 볼 시간이다.

생각해 보기

- 당신이 속한 조직이나 개인적인 삶에서 '맹수가 은신처를 잃은' 것과 같은 순간을 경험했는가? 그때 당신은 어떤 행동을 했는가?
- '벌의 독'처럼 갑작스럽게 당신의 목표를 위협했던 예상치 못한 문제는 무엇이었는가? 그때 당신은 당황했는가, 아니면 침착하게 대처했는가?
- 당신의 업무나 일상에서 '기미'를 파악하기 위해 어떤 노력을 하고 있는가? (예: 업계동향 파악, 고객의 작은 불만 경청 등.)

실천 과제

- 이번 주 안에 당신의 업무나 관심 분야에서 '예상치 못한 기회'를 찾기 위한 노력을 해보자. (예: 경쟁사의 사소한 실수나 변화를 포착하

기, 고객의 숨겨진 요구 파악하기 등.)

- 당신의 팀원들에게 "만약 최악의 상황이 발생한다면 어떻게 대처할 것인가?"라는 질문을 던지고, 함께 비상 대책을 논의하는 시간을 가져보자. 이를 통해 위기대응 능력을 키워보자.

應能 응능
나의 능함에 응변하는 지혜

古之善用兵者 揣其能而料其勝負.
고지선용병자 췌기능이료기승부.

主孰聖也, 將孰賢也, 吏孰能也, 粮餉孰豊也,
주숙성야, 장숙현야, 이숙능야, 양향숙풍야,

士卒孰練也, 軍容孰整也, 戎馬孰逸也, 形勢孰險也,
사졸숙련야, 군용숙정야, 융마숙일야, 형세숙험야,

賓客孰智也, 隣國孰懼也, 財貨孰多也, 百姓孰安也.
빈객숙지야, 인국숙구야, 재화숙다야, 백성숙안야.

由此觀之 强弱之形 可以決矣.
유차관지 강약지형 가이결의.

"옛날에 군사를 잘 운용하는 자는
자신의 능력을 헤아려 승패를 예측한다.
군주는 누가 성스러운가? 장수는 누가 현명한가?
관리는 누가 유능한가? 군량미는 누가 더 풍부한가?
병사들은 누가 더 잘 훈련되었는가?
군대의 태세는 누가 더 정돈되었는가?

말은 누가 더 강하고 빠른가?

형세는 누가 더 험난한가?

조언자(빈객)는 누가 더 지혜로운가?

이웃 나라는 누가 더 두려워하는가?

재화는 누가 더 많은가? 백성은 누가 더 편안한가?

이와 같은 관점에서 살펴보면,

강하고 약함의 형세를 가히 판단할 수 있다."

현대적 의미
성공을 예측하는 열두 가지 질문

제갈량은 '승패 예측'을 위한 구체적인 기준을 제시한다. 그는 단순히 상대방의 약점만을 찾는 것이 아니라 자신과 상대를 객관적으로 비교 분석하여 상황의 강약强弱을 정확히 판단하는 것이 중요하다고 하였다.

이 열두 가지 질문은 현대사회의 리더들에게도 자기 자신과 조직의 경쟁력을 진단하는 훌륭한 점검표가 될 수 있다.

리더십과 인재(主, 將, 吏, 賓客) : 최고경영진부터 실무진까지 통솔력의 질을 평가한다. 뛰어난 인재가 적재적소에 배치되었는지, 그리고 그들을 돕는 현명한 조언자가 있는지 살펴본다.

내부 역량(粮餉, 士卒, 軍容, 戎馬) : 자금력, 인력의 숙련도, 조직의 효율성, 핵심 자산의 우수성 등 내부적인 경쟁력을 점검한다. 이는 제품의 품질, 팀원의 전문성, 조직의 시스템 등을 의미한다.

외부 환경 (形勢, 隣國, 財貨, 百姓) : 시장환경의 유리함, 경쟁사의 위협 수준, 재정적 자원, 그리고 고객과 대중의 지지를 평가한다. 이는 '천시天時, 지리地利, 인화人和'의 관점을 구체화한 것이다.

제갈량은 이 열두 가지 질문을 통해 자신과 상대를 철저히 분석할 때, 비로소 성공의 가능성을 예측하고 올바른 전략을 세울 수 있다고 말한다.

제갈량은 말한다.
"능함을 넘어서면 무모하고, 능함을 모르면 혼란하다."

'응능應能'은 단순히 자신을 믿는 것이 아니다. 그것은 자신의 능력을 정확히 파악하고, 그 능력에 맞는 전략과 역할을 선택하는 리더의 지혜다.

그는 전장에서 무리한 공격보다 자신의 병력과 지형, 상황에 맞는 대응을 택했다. 그 침착한 판단은 때로는 싸움을 피하게 했고, 때로는 작은 승리를 큰 전환점으로 바꾸었다.

오늘날의 삶에서도, 우리는 종종 자신의 능력을 과대평가하거나 과소평가하며 불필요한 갈등이나 실패를 겪는다. 제갈량은 말한다.

진정한 리더는 자신의 능력을 정확히 알고, 그 능력에 맞는 길을 선택할 줄 알아야 한다고.

'응능'은 자기 인식의 전략이며, 리더가 흔들리지 않고 중심을 잡는 내면의 나침반이다.

나의 워크시트
나의 '경쟁력'을 진단하라

제갈량의 가르침을 통해, 우리는 승패를 예측하는 객관적인 기준을 배웠다. 이제 이 지혜를 우리 삶에 적용해 볼 시간이다.

생각해 보기

- 당신이 현재 맡은 업무나 목표를 '경쟁'이라고 가정해 보자. 제갈량의 열두 가지 질문 중, 당신에게 가장 유리한 요소는 무엇인가?
- 반대로, 가장 취약하다고 생각하는 요소는 무엇이며, 그 이유는 무엇인가?
- 당신이 가진 '부족한 능력'을 보완하기 위해 다른 사람의 도움을 어떻게 받을 수 있을까?

실천 과제

- 이번 주 안에 당신의 팀이나 조직에 대해 제갈량의 열두 가지 질문을 활용하여 SWOT 분석을 해보자.(강점, 약점, 기회, 위협)
- 당신의 팀원 중 가장 뛰어난 능력을 갖춘 사람을 한 명 찾아 그를 칭찬하고 격려해 보자. 그를 통해 당신의 '리더십과 인재' 항목을 강화하는 작은 노력을 시작해 보자.

輕戰 경전
철저한 준비로 싸움을 쉽게 하라

螫虫之觸 負其毒也, 戰士能勇 倚其備也.

석충지촉 부기독야, 전사능용 의기비야.

是以 鋒銳甲堅則人輕戰.

시이 봉예갑견즉인경전.

故 甲不堅密 與肉袒同. 射不能中 與無矢同,

고 갑불견밀 여육단동. 사불능중 여무시동,

矢不能入 與無鏃同, 探候不謹 與無目同.

시불능입 여무촉동, 탐후불근 여무목동.

將帥不勇 與無將同.

장수불용 여무장동.

"독을 가진 벌레가 찌르는 것은 그 독을 믿기 때문이고,
전사가 용감할 수 있는 것은 철저한 준비에 의지하기 때문이다.
이 때문에 칼날이 날카롭고 갑옷이 견고하면
사람들은 싸움을 가볍게 여긴다.
그러므로 갑옷이 견고하지 않으면 맨몸과 같고,
활을 쏘아 맞히지 못하면 화살이 없는 것과 같다.

화살이 (갑옷을) 뚫지 못하면 화살촉이 없는 것과 같고,
첩보를 살피는 것이 신중하지 못하면 눈이 없는 것과 같다.
장수가 용맹하지 못하면 장수가 없는 것과 같다."

현대적 의미
용기는 준비에서 나온다

제갈량은 용기勇氣의 근원이 단순히 타고난 기질이 아니라 철저한 준비備에 있음을 강조한다. 그는 '경전輕戰'이라는 말로, 충분히 준비된 상태에서는 어떤 싸움도 가볍게 느껴질 만큼 자신감을 가질 수 있다고 말한다. 이는 현대사회의 모든 경쟁 상황에 적용될 수 있는 중요한 통찰이다.

준비되지 않은 용기는 오만함이다 : 제갈량은 겉으로만 용감한 전사는 벌레의 독과 같다고 말한다. 즉 내실 없는 용기는 일시적일 뿐이며, 결국 자신을 파멸로 이끈다. 진정한 용기는 실력과 준비를 바탕으로 한 자신감에서 나온다.

부족한 준비는 자원을 무의미하게 만든다 : 그는 갑옷, 화살, 첩보, 장수 등 각 요소가 제 기능을 하지 못하면 모두 무의미하다고 지적한다.

이는 오늘날의 비즈니스에서 하나의 결함이 전체 프로젝트를 망칠 수 있다는 경고와 같다. 아무리 많은 자원과 인력이 있어도, 각각

의 요소가 제 역할을 하지 못하면 결국 실패하게 된다.

리더는 용기를 만들어내는 사람 : 마지막으로, '장수가 용맹하지 않으면 장수가 없는 것과 같다.'라는 말은 리더의 역할이 얼마나 중요한지를 보여준다. 리더의 용기는 단순히 앞장서 싸우는 것이 아니라 팀원들에게 필요한 준비와 지원을 제공하여 그들이 자신 있게 싸울 수 있도록 이끄는 능력이다.

결론적으로, 성공은 우연이 아니라 완벽한 준비와 그 준비를 끌어내는 리더의 용기에서 비롯된다고 제갈량은 말하고 말한다.
제갈량은 말한다.
"싸움은 준비로 가볍게 하고, 준비 없는 싸움은 무겁게 끝난다."

'경전輕戰'은 싸움을 피하라는 뜻이 아니다. 그것은 싸움이 시작되기 전에 이미 끝나도록 만드는 전략이며, 철저한 준비를 통해 전장의 무게를 줄이는 리더의 지혜다.

제갈량은 전쟁을 앞두고 수많은 변수와 가능성을 검토하며, 병력의 배치, 물자의 흐름, 심리적 안정까지 모든 요소를 사전에 정비했다. 그 결과 싸움은 짧고 명확하게 끝났고, 병사들은 혼란 없이 움직일 수 있었다.

오늘날의 삶에서도, 우리는 수많은 갈등과 도전에 직면한다. 그 싸움이 무겁고 고통스럽지 않기 위해서는 사전에 준비하고, 구조를 설계하며, 마음의 중심을 잡는 일이 먼저다. 제갈량은 말한다. 진정한 리더는 싸움의 순간보다 싸움 이전의 준비에 더 많은 힘을 쏟는 자라고.

'경전'은 리더의 예측력이며, 조직의 에너지를 낭비하지 않는 전략적 절제이다.

나의 워크시트
나의 '경전輕戰' 준비는?

제갈량의 가르침을 통해, 우리는 철저한 준비의 중요성을 배웠다. 이제 이 지혜를 우리 삶에 적용해 볼 시간이다.

생각해 보기

- 당신이 맡은 업무나 목표를 '싸움'이라고 가정해 보자. 그 싸움에서 당신은 어떤 '갑옷'과 '칼날'을 갖추고 있는가? (예: 지식, 기술, 인맥 등)
- 당신은 현재의 자신에게 '맨몸'이나 '화살촉 없는 화살'과 같다고 느껴지는 부분이 있는가? 그 부분을 어떻게 보완하고 싶은가?

- "장수가 용맹하지 않으면 장수가 없는 것과 같다."라는 말에 비추어, 당신의 리더는 팀원들에게 자신감을 불어넣어 주고 있는가?

실천 과제

- 이번 주 안에 당신의 업무에서 가장 중요한 '갑옷'이나 '칼날'을 한 가지 보완하는 구체적인 계획을 세워보자. (예: 필수적인 기술 관련 서적 한 권 완독하기, 관련 세미나 참석하기 등.)
- 당신의 팀원 중 한 명에게 "당신의 어떤 강점이 우리의 '갑옷'이나 '칼날'이 되어준다"고 구체적으로 칭찬해 주자.

地勢 지세
환경을 읽는 지혜

夫地勢者 兵之助也, 不知戰地 而求勝者 未之有也.
부지세자 병지조야, 부지전지 이구승자 미지유야.

山林土陵, 邱阜大川, 此 步兵之地.
산림토릉, 구부대천, 차 보병지지.

土高山狹, 蔓衍相屬, 此 車騎之地.
토고산협, 만연상속, 차 차기지지.

依山附澗, 高林深谷, 此 弓弩之地.
의산부간, 고림심곡, 차 궁노지지.

草淺土平, 可前可後, 此 長戰之地.
초천토평, 가전가후, 차 장전지지.

蘆葦相參, 竹樹交映, 此 鎗矛之地也.
노위상참, 죽수교영, 차 창모지지야.

"무릇 지세地勢는 군대의 승리를 돕는 도구이니,
싸움터의 지형을 알지 못하고 승리를 구하는 자는 아직 없었다.
산림과 흙언덕, 작은 언덕과 큰 냇물이 있으면
이는 보병步兵에게 유리한 곳이다.

땅이 높고 산이 좁아 굽이굽이 이어져 있으면

이는 전차나 기병(車騎)에게 유리한 곳이다.

산에 의지하고 계곡에 붙어 있으며,

높은 숲과 깊은 골짜기가 있으면 이는 활이나 쇠뇌(弓弩)에 유리한 곳이다.

풀이 얕고 땅이 평평하여 앞으로도 뒤로도 나아갈 수 있으면

이는 오랜 전투(長戰)에 유리한 곳이다.

갈대와 대나무가 서로 얽혀 있고 숲이 그림자를 드리우면

이는 창과 칼(鎗矛)에게 유리한 곳이다."

현대적 의미
환경 분석이 승패의 첫걸음

제갈량은 이 장에서 환경(지형)을 정확히 분석하는 것이 성공적인 전략의 필수 조건이라고 강조한다. 그는 각각의 환경에 따라 다른 방식과 도구가 필요하다고 말하며, 이는 오늘날의 비즈니스나 개인적인 삶에도 그대로 적용될 수 있다.

환경은 경쟁력의 기반 : "싸움터를 알지 못하고 승리를 구하는 자는 없다"라는 말은, 성공을 위해서는 우리가 처한 환경의 특징을 정확히 파악해야 함을 강조한다. 이는 시장의 특성, 경쟁자의 위치, 고객의 성향 등을 분석하는 것과 같다.

도구와 환경의 조화 : 그는 보병, 기병, 궁수 등 각기 다른 특성을 가진 병사들에게 맞는 지형이 따로 있다고 말한다. 이는 우리의 역량(도구)과 환경(지형)이 서로 조화를 이뤄야 가장 효율적인 결과를 낼 수 있다는 의미다. 예를 들어, 강력한 기술력을 가진 기업은 그 기술을 가장 잘 활용할 수 있는 시장을 찾아야 한다.

환경을 통한 전략 수립 : 지형의 특징에 따라 장기전(풀이 얕은 평지)이나 기습전(산림)을 계획해야 하는 것처럼 리더는 환경분석을 통해 최적의 전략을 수립해야 한다. 이는 목표에 따라 유연하게 전략을 바꾸는 능력을 의미한다.

결론적으로, 제갈량은 진정한 리더는 자신의 역량뿐만 아니라 그 역량이 발휘될 최적의 환경을 찾아내는 통찰력을 갖추어야 한다고 말하고 있다.

제갈량은 말한다.

"지세를 알면 움직임이 쉬워지고, 지세를 모르면 뜻이 막힌다."

'지세地勢'는 단순히 땅의 높낮이나 길의 방향을 뜻하지 않는다. 그것은 상황의 구조, 흐름의 방향, 조건의 유불리를 읽어내는 전략적 시야다.

제갈량은 전장에서 산과 강, 길과 바람을 읽었고, 그 환경을 활용해 적을 유인하고, 병력을 배치하며, 싸움의 무게를 줄였다. 제갈량에게 환경은 단지 배경이 아니라 전략의 일부이자 승리의 조건이었다.

현대를 사는 우리는 수도 없이 다양한 환경 속에 놓여 있다. 시장의 흐름, 조직의 구조, 관계의 분위기— 그 모든 것이 '지세'이며, 그것을 읽을 줄 아는 자만이 자신의 길을 설계하고, 위기를 기회로 바꿀 수 있다.

제갈량은 말한다. "진정한 리더는 환경을 탓하지 않고, 환경을 읽고 활용하는 자"라고.
'지세'는 리더의 시야이며, 조직과 삶을 움직이는 전략의 기반이다.

나의 워크시트
나의 '지세地勢'는 어디인가?

제갈량의 가르침을 통해, 우리는 환경 분석의 중요성을 배웠다. 이제 이 지혜를 우리 삶에 적용해 볼 시간이다.

생각해 보기

- 당신이 현재 하는 업무나 프로젝트의 '지형'을 분석해 보자. 어떤 특징을 가지고 있는가?(예: 경쟁이 치열한 평지, 협업이 중요한 산림 등)
- 당신이 가진 강점(역량)은 어떤 '지형'에서 가장 잘 발휘될 수 있

다고 생각하는가?
- 만약 당신의 강점과 현재의 '지형'이 잘 맞지 않는다고 느낀다면, 어떤 방법으로 환경을 바꾸거나, 당신의 강점을 다르게 활용할 수 있을까?

실천 과제

- 이번 주 안에 당신의 업무환경을 새로운 시각으로 분석해 보자. (예: 사무실의 배열, 팀원들의 관계, 업무 프로세스 등.) 그리고 그 환경을 개선할 수 있는 작은 아이디어 한 가지를 제안해 보자.
- 당신이 존경하는 리더나 멘토에게 "어떤 환경에서 당신의 역량이 가장 빛을 발했나요?"와 같은 질문을 통해 그들의 경험을 들어보자.

情勢 정세
적의 약점을 꿰뚫어 보는 지혜

夫將 有勇而輕死者, 有急而心速者, 有貪而喜利者,
부장 유용이경사자, 유급이심속자, 유탐이희리자,
有仁而不忍者, 有智而心怯者, 有謀而情緩者.
유인이부인자, 유지이심겁자, 유모이정완자.
是故 勇而輕死者 可暴也, 急而心速者 可久也,
시고 용이경사자 가포야, 급이심속자 가구야,
貪而喜利者 可遺也, 仁而不忍者 可勞也,
탐이희리자 가유야, 인이부인자 가로야,
智而心怯者 可窘也, 謀而情緩者 可襲也.
지이심겁자 가군야, 모이정완자 가습야.

"무릇 장수(리더) 중에는 용맹하지만
죽음을 가볍게 여기는 자가 있으며,
성격이 급하고 마음이 빠른 자가 있으며,
탐욕스럽고 이익을 기뻐하는 자가 있으며,
어질지만 참지 못하는 자가 있으며,
지혜롭지만 마음이 겁이 많은 자가 있으며,

꾀는 많지만 행동이 느긋한 자가 있다.
이런 이유로, 용맹하지만 죽음을 가볍게 여기는 자는
포악하게 다루어지기 쉽고,
성격이 급하고 마음이 빠른 자는 오랫동안 대처할 수 있으며,
탐욕스럽고 이익을 좋아하는 자는 버림받기 쉽고,
어질지만 참지 못하는 자는 수고롭게 만들 수 있으며,
지혜롭지만 마음이 겁이 많은 자는 곤궁하게 만들 수 있고,
꾀는 많지만 행동이 느긋한 자는 기습할 수 있다."

현대적 의미
사람의 '성향'을 읽고 활용하는 지혜

제갈량은 사람의 성격적 약점을 파악하는 것이 얼마나 중요한지를 강조한다. 그는 "적의 약점을 찌르라."라는 병법의 기본 원리를 인간의 심리에 적용하여, 각기 다른 성향의 리더들이 가진 취약점을 명확히 짚어낸다. 이는 우리가 협상하거나, 경쟁하거나, 심지어 팀원을 관리할 때도 매우 유용한 통찰을 제공한다.

용감한 오만함 : '용맹하되 죽음을 가볍게 여기는 자'는 자신의 능력을 과신하여 경솔하게 행동하는 유형이다. 이러한 사람은 감정적인 도발에 쉽게 무너질 수 있다.
급한 성미 : '성격이 급하고 마음이 빠른 자'는 장기적인 안목이

부족하고, 인내심을 요구하는 상황에서 불안정함을 보인다. 이는 장기적인 전략으로 대응해야 할 때 유리한 약점이 된다.

물질적 탐욕 : '탐욕스럽고 이익을 좋아하는 자'는 작은 이익에 쉽게 유혹되어 큰 그림을 놓치기 쉽다.

참지 못하는 성격 : '어질지만 참지 못하는 자'는 타인의 고통을 보지 못하는 인자함 때문에, 때로는 곤란한 상황에 빠지게 된다.

겁이 많은 지식인 : '지혜롭지만, 마음이 겁이 많은 자'는 뛰어난 분석력을 가졌지만, 결정적인 순간에 행동하지 못한다.

느긋한 게으름 : '꾀는 많지만, 행동이 느긋한 자'는 계획은 완벽하지만 실행력이 부족하여 기회를 놓치기 쉽다.

결론적으로, 제갈량은 상대방의 약점을 꿰뚫어 보는 통찰력이 승리를 이끄는 핵심이라고 말한다. 이는 단순히 '이기는 기술'을 넘어 사람의 본성을 깊이 이해하는 심리전의 중요성을 강조한다.

제갈량은 말한다.

"강한 자도 약점이 있고, 약한 자도 틈이 있다. 그 틈을 보는 자가 이긴다."

'정세情勢'는 단순히 적의 상태를 파악하는 것이 아니다. 그것은 상대의 감정, 흐름, 구조 속에 숨겨진 약점을 감지하고 그 약점을 찌르기보다 활용하는 전략적 지혜다.

그는 전장에서 적의 교만, 조급함, 내부의 불화, 지형에 대한 무지, 병력의 피로 등 눈에 보이지 않는 틈을 읽어내며 싸움 없이 승리를 끌어냈다.

오늘날의 삶에서도, 우리는 경쟁과 갈등 속에 놓여 있다. 그 속에서 단순히 상대를 이기려 하기보다 상대의 약점을 이해하고, 그 약점이 드러나는 순간을 포착할 줄 아는 감각이 필요하다.

제갈량은 말한다. "진정한 전략가는 싸움을 피하면서도 상대의 흐름을 꺾을 줄 아는 자."라고.
'정세'는 리더의 통찰력이며, 조직과 관계 속에서 균형을 잡는 가장 정교한 기술이다.

나의 워크시트
나는 어떤 '성향의 약점'을 가지고 있는가?

제갈량의 가르침을 통해, 우리는 사람의 성향의 약점을 파악하는 지혜를 배웠다. 이제 이 지혜를 우리 삶에 적용해 볼 시간이다.

생각해 보기

- 당신은 제갈량이 말한 여섯 가지 유형 중 어떤 것에 가장 가깝다고 생각하는가? 당신의 가장 큰 성향의 약점은 무엇인가?
- 당신이 겪었던 갈등이나 경쟁 상황에서 상대방의 어떤 약점을

활용해 성공을 거두었거나, 반대로 어떤 약점 때문에 실패했었는가?
- 당신의 팀원이나 동료의 성향을 파악하고, 그들의 약점을 보완해 줄 수 있는 구체적인 방법은 무엇일까?

실천 과제

- 이번 주 안에 당신의 가장 큰 성향의 약점을 극복하기 위한 작은 행동을 하나 정해 보자. (예: 성미가 급하다면 중요한 결정을 내리기 전 5분 동안 심호흡하기, 계획은 많지만 행동이 느리다면 작은 목표 하나를 바로 실행해 보기 등.)
- 당신이 속한 팀의 '성향'을 파악하는 시간을 가져보자. 각 팀원의 강점과 약점을 이해하고, 서로의 약점을 보완해 줄 수 있는 협업 방식을 논의해 보자.

擊勢 격세
공격해야 할 때와 피해야 할 때

古之善鬪者 必先揣敵情 而後圖之.
고지선투자 필선췌적정 이후도지.

凡師老粮絶, 百姓悉怨, 軍令不習, 器械不修, 計不先設,
범사로양절, 백성실원, 군령불습, 기계불수, 계불선설,

外救不至, 將吏刻剝, 賞罰輕懈, 營陣失次, 戰勝而驕 可以攻之.
외구부지, 장리각박, 상벌경해, 영진실차, 전승이교 가이공지.

若用賢授能, 糧食剩餘, 甲兵堅利, 四隣和睦,
약용현수능, 양식잉여, 갑병견리, 사린화목,

大國應援 敵有此者 計而避之.
대국응원 적유차자 계이피지.

"옛적에 싸움을 잘하는 자는
반드시 먼저 적의 정황을 헤아린 후에 일을 도모한다.
무릇 군대가 지쳐 있고 군량미가 끊겼으며,
백성들이 모두 원망하고, 군령에 익숙하지 않으며,
무기를 수리하지 못하고, 계책을 미리 세우지 않았으며,
외부의 구원이 이르지 않고, 장교가 각박하게 굴며,

상벌이 경솔하고 해이하며, 진영이 질서를 잃고,
싸움에 이기고도 교만하다면 가히 공격할 수 있다.
만약 어진 사람을 등용하고 능력 있는 사람에게 맡기며,
군량이 남아돌고, 갑옷과 병기가 견고하고 날카로우며,
이웃 나라와 화목하고, 강대국의 지원이 있다면,
적에게 이런 상황이 있을 때는 계책을 세워 피해야 한다."

현대적 의미

성공적인 공격과 현명한 회피

제갈량은 상황 판단 능력의 중요성을 강조한다. 그는 '공격'과 '회피'라는 두 가지 전략적 행동을 제시하며, 각각을 결정하기 위한 구체적인 기준을 알려준다. 이는 비즈니스에서 경쟁사를 공략하거나 새로운 시장에 진입할 때 유용한 통찰을 제공한다.

공격해야 할 때 : 제갈량은 적의 '내부적인 결함'이 드러났을 때 공격해야 한다고 말한다.

내부의 불화 : 조직원들이 불만과 원망에 차 있고, 리더가 각박하며, 상벌이 공정하지 않은 경우다.

시스템의 부재 : 명령 체계가 무너지고, 업무 프로세스가 비효율적이며, 사전 계획이 없는 경우다.

성공에 대한 오만함 : 과거의 작은 성공에 취해 교만하고, 더 이상

의 발전을 위한 노력을 하지 않는 경우다.

외부의 고립 : 외부의 도움 없이 혼자 고립된 상태다.

피해야 할 때 : 반대로 제갈량은 적이 '내부적인 강점'을 갖추었을 때 싸움을 피해야 한다고 경고한다.

강력한 리더십과 인재 : 유능한 인재들이 제 역할을 하고, 리더가 현명하게 조직을 이끄는 경우다.

풍부한 자원 : 재정적, 물적 자원이 풍부하고, 인프라가 잘 갖춰져 있는 경우다.

견고한 연합 : 협력사나 파트너와의 관계가 견고하고, 외부로부터의 지원이 강력한 경우다.

결론적으로, 제갈량은 "이길 수 있는 싸움만 하라."라는 지혜를 전하며, 공격과 회피를 결정하는 가장 중요한 요소는 바로 상대방의 내면을 정확히 꿰뚫어 보는 통찰력에 있다고 말한다.

제갈량은 말한다.
"싸움은 힘으로 하는 것이 아니라 때로 하는 것이다."

'격세擊勢'는 단순히 공격의 기술을 말하지 않는다. 그것은 상황의 흐름을 읽고, 공격이 이익이 될 때와 손해가 될 때를 구분하는 전략적 판단이다.

제갈량은 전장에서 적이 교만해질 때를 기다렸고, 자신의 병력이 피로할 때는 싸움을 피했다. 때로는 물러섬이 승리를 위한 준비였고, 때로는 단호한 공격이 전세를 뒤집는 전환점이었다.

현대의 삶에서도, 우리는 수많은 갈등과 선택 앞에 서 있다. 순간 순간마다 싸워야 할지, 물러서야 할지를 판단하는 기준은 내면의 중심과 상황의 흐름을 꿰뚫는 통찰에서 비롯된다.

제갈량은 말한다. "진정한 리더는 싸움의 기술보다 싸움의 시점을 아는 자."라고.

'격세'는 리더의 결단력이며, 조직과 관계 속에서 균형을 잡는 전략의 핵심이다.

나의 워크시트
나는 '공격'을 선택할 것인가, '회피'를 선택할 것인가?

제갈량의 가르침을 통해, 우리는 전략적 상황 판단의 중요성을 배웠다. 이제 이 지혜를 우리 삶에 적용해 볼 시간이다.

생각해 보기

- 당신이 현재 가장 큰 경쟁자로 여기는 대상이 있는가? 제갈량의 기준에 비추어 볼 때, 그 경쟁자는 '공격'해야 할 대상인가, 아니면 '피해야' 할 대상인가? 그 이유는 무엇인가?
- 당신의 팀이나 조직이 '공격해야 할 대상'처럼 약점을 보이지는

않는가? 가장 시급하게 개선해야 할 부분은 무엇이라고 생각하는가?
- 당신이 '피해야 할 대상'을 만났을 때, 어떻게 전략을 바꾸어 그들의 강점을 피하고 당신의 강점을 활용할 수 있을까?

실천 과제

- 이번 주 안에 당신의 가장 큰 경쟁자에 대한 '격세' 분석을 해보자. (경쟁사의 내부결함, 외부지원, 조직문화 등을 조사하여 분석 보고서를 작성해 보자.)
- 당신의 팀에서 '성과를 내고도 교만해지는' 태도를 경계하기 위한 작은 규칙을 하나 정해 보자. (예: 성공 후 곧바로 다음 목표 설정하기, 서로의 노고를 인정하는 시간 갖기 등.)

戰道 전도
환경에 따른 싸움의 기술

夫林戰之道 晝廣旌旗, 夜多金鼓, 利用短兵,
부림전지도 주광정기, 야다금고, 이용단병,

巧在設伏, 或攻於前. 或發於後.
교재설복, 혹공어전. 혹발어후.

叢戰之道 利用劍楯 將欲圖之 先度其路 十里一場,
총전지도 이용검순 장욕도지 선탁기로 십리일장,

五里一應 偃戢旌旗, 特嚴金鼓 令賊人 無所措手足.
오리일응 언집정기, 특엄금고 영적인 무소조수족.

谷戰之道 巧於設伏 利以勇鬪 經足之士 凌其高,
곡전지도 교어설복 이이용투 경족지사 능기고,

必死之士 殿其後 列强努而衝之, 指短兵而繼之 彼不得前 我不得往.
필사지사 전기후 열강노이충지, 지단병이계지 피부득전 아불득왕.

水戰之道 利在舟緝 練習士卒以乘之 多張旗幟以惑之,
수전지도 이재주집 연습사졸이승지 다장기치이혹지,

嚴弓努以中之, 指短兵以捍之, 設堅柵而衛之, 順其流而擊之.
엄궁노이중지, 지단병이한지, 설견책이위지, 순기류이격지.

夜戰之道 利在機密 或潛師以衝之 以出其不意,
야전지도 이재기밀 혹잠사이충지 이출기부의,

或多火鼓 以亂耳目而攻之 可以勝矣.
혹다화고 이란이목이공지 가이승의.

"무릇 숲에서 싸우는 방법은 낮에는 깃발을 넓게 펼치고,
밤에는 징과 북소리를 크게 내며,
짧은 무기를 사용하는 것이 이롭고 복병을 설치하는 기교에 있다.
혹은 앞에서 공격하고 혹은 뒤에서 기습해야 한다.
밀집하여 싸우는 방법은 검과 방패를 사용하는 것이 이로우니,
장차 이를 도모하려면 먼저 길을 헤아려 10리마다 한 마당을 만들고
5리마다 하나씩 응하도록 하며,
깃발을 눕히고 징과 북소리를 특히, 엄히 하여
적이 손발을 쓸 곳을 모르게 해야 한다.
계곡에서 싸우는 방법은 복병을 설치하는 기교에 있으며,
용감하게 싸우는 것이 이롭다.
발이 빠른 병사들로 높은 곳을 점령하게 하고,
죽음을 각오한 병사들로 후미를 지키게 하여,
강한 활을 늘어놓고 돌격하며, 짧은 무기를 사용하여
계속 공격함으로써 적이 나아가지 못하게 하고,
우리는 물러나지 않게 한다.
물에서 싸우는 방법은 배를 사용하는 것이 이로우니,
훈련된 병사들로 배를 타고, 많은 깃발을 펼쳐 적을 어지럽히며,

엄격한 활과 쇠뇌로 맞히고,
짧은 무기로 막아내며, 견고한 울타리를 설치하여 지키고,
물의 흐름을 따라 공격해야 한다.
밤에 싸우는 방법은 기밀을 유지하는 것이 이로우니,
혹은 몰래 군사를 보내 기습하여 적이 예상치 못할 때 나타나거나,
혹은 많은 불빛과 북소리로 적의 시야와 청각을 교란하며
공격하면 이길 수 있다."

현대적 의미
환경에 맞는 최적의 전략

제갈량은 이 장에서 '환경(지형)'에 따라 '전략'을 유연하게 바꾸는 지혜의 중요성을 강조한다. 그는 숲, 밀집 지형, 계곡, 물, 밤이라는 각기 다른 다섯 가지 환경을 제시하고, 각각에 맞는 최적의 전술을 설명한다. 이는 비즈니스에서 다양한 시장 환경에 맞춰 전략을 수정하고, 상황에 맞는 자원을 활용하는 것과 같다.

유연한 전략 (林戰, 谷戰) : 숲에서는 매복과 기습, 계곡에서는 지형을 활용한 용맹한 공격이 필요하다. 이는 복잡하고 불확실한 시장에서는 유연하고 창의적인 전략을, 안정된 시장에서는 강력한 실행력으로 승부를 봐야 함을 의미한다.

시스템과 질서(叢戰) : 밀집된 환경에서는 개개인의 능력보다 시스

템과 질서가 중요하다. '10리마다 한 마당, 5리마다 한 응접'처럼 명확한 계획과 통제 시스템이 있어야만 효율적인 작전이 가능하다.

자원 활용(水戰) : 물에서 싸우려면 배가 필수적이다. 이는 비즈니스에서 특정 시장에 진입하려면 그에 맞는 핵심 자원(기술, 인프라 등)이 필요하다는 것을 보여준다.

정보전과 심리전(夜戰) : 밤에는 시야가 제한되므로, '기밀'과 '혼란'이 중요하다. 이는 경쟁 환경에서 정보를 숨기거나, 상대의 심리를 교란하여 승기를 잡는 정보전과 심리전의 중요성을 강조한다.

결론적으로, 제갈량은 진정한 리더는 하나의 전략에 얽매이지 않고, 주어진 환경과 자원을 분석하여 가장 효율적인 '맞춤형' 전략을 세울 수 있어야 한다고 말하고 있다.

제갈량은 말한다.

"싸움은 기술이 아니라, 형세에 맞춰야 한다."

'전도戰道'는 고정된 방식이 아닌, 환경과 조건, 상대의 흐름에 따라 전략을 바꾸고 기술을 조정하는 유연한 사고이다.

그는 산에서는 매복을, 강에서는 유인전을, 도시에서는 심리전을 펼쳤다. 같은 병력이라도 지형과 기후, 시간과 분위기에 따라 전술은 완전히 달라졌다. 제갈량에게 싸움은 정해진 틀 안에서 벌어지는 것이 아니라 환경을 읽고 그에 맞춰 움직이는 살아 있는 기술이었다.

오늘날의 삶에서도, 우리는 다양한 환경 속에서 갈등과 도전을 마주한다. 그 환경을 무시한 채 싸우면 지치고, 환경을 활용하면 이긴다. 제갈량은 말한다. "진정한 리더는 기술보다 먼저 환경을 읽고, 흐름을 설계할 줄 아는 자."라고.

'전도'는 리더의 유연함이며, 조직과 개인이 변화 속에서도 흔들리지 않고 자신의 길을 만들어가는 전략의 본질이다.

나의 워크시트
나의 '전도戰道'는 무엇인가?

제갈량의 가르침을 통해, 우리는 환경에 따른 전략의 중요성을 배웠다. 이제 이 지혜를 우리 삶에 적용해 볼 시간이다.

생각해 보기

- 당신이 현재 하는 업무나 프로젝트는 제갈량이 제시한 다섯 가지 환경 중 어디에 가장 가깝다고 생각하는가?
- 그 환경에서 당신은 어떤 '전술'을 사용하고 있는가? (예: 창의적인 아이디어, 철저한 계획, 빠른 실행 등.)

- 당신의 팀이 가진 강점(예: 뛰어난 기술, 강력한 팀워크)은 어떤 환경에서 가장 빛을 발할 수 있다고 생각하는가?

실천 과제

- 이번 주 안에 당신의 팀이나 조직이 속한 시장환경을 다섯 가지 환경(숲, 밀집, 계곡, 물, 밤)에 비유하여 분석해 보자.
- 그 분석 결과를 바탕으로, 당신의 팀이 가진 강점을 활용해 시장에서 승리할 수 있는 구체적인 전략을 한두 가지 세워보자.

察情 찰정
적의 심리를 읽는 통찰

夫兵起而靜者 恃其險也, 迫而挑戰者 欲人之進也.
부병기이정자 시기험야, 박이도전자 욕인지진야.

衆樹動者 車來也, 塵土卑而廣者 徒來也,
중수동자 거래야, 진토비이광자 도래야,

辭强而進驅者 退也, 半進而半退者 誘也.
사강이진구자 퇴야, 반진이반퇴자 유야.

杖而行者 饑也, 見利而不進者 勞也.
장이행자 기야, 견리이부진자 노야.

鳥集者 虛也, 夜呼者 恐也.
조집자 허야, 야호자 공야.

軍擾者 將不重也, 旌旗動者 亂也.
군요자 장부중야, 정기동자 난야.

吏怒者 倦也, 數賞者 窘也, 屢罰者 困也.
이노자 권야, 삭상자 군야, 누벌자 곤야.

來委謝者 休息也, 幣重而言甘者 誘也.
내위사자 휴식야, 폐중이언감자 유야.

"무릇 군사를 일으켰으나 고요한 것은
그 험준한 지형을 믿기 때문이고,
다급하게 싸움을 거는 것은
다른 사람이 나오기를 유도하기 위함이다.
많은 나무가 흔들리는 것은 수레가 오고 있는 것이고,
먼지가 낮고 넓게 퍼지는 것은 보병이 오고 있음이다.
말이 강하면서 전진하는 것은 후퇴하려는 것이고,
반쯤 나아갔다 반쯤 물러서는 것은 유인하는 것이다.
지팡이를 짚고 가는 것은 (군량이 없어 배가 고파) 지친 것이다.
이익을 보았으나 나아가지 않는 것은 피로한 것이다.
새들이 모여드는 곳은 군대가 없는 허점이고,
밤에 소란스럽게 부르는 것은 두려움 때문이다.
군대가 어지러운 것은
장수가 신중하지 못하기 때문이고,
깃발이 흔들리는 것은 혼란 때문이다.
관리가 화를 내는 것은 지쳐 있기 때문이고,
자주 상을 주는 것은 재정이 궁색하기 때문이며,
자주 벌하는 것은 곤궁하기 때문이다.
찾아와 감사하다고 말하는 것은
휴식을 바라는 것이고,
뇌물이 무겁고 말이 달콤한 것은
유혹하려는 것이다."

현대적 의미
겉모습 너머의 진실을 읽어내는 통찰

제갈량은 상황의 본질을 꿰뚫어 보는 통찰력의 중요성을 강조한다. 그는 겉으로 드러나는 현상만 보고 섣불리 판단하는 것을 경계하며, 모든 행동에는 그 이면에 숨겨진 의도와 약점이 있다고 말하고 있다. 이 가르침은 비즈니스나 대인 관계에서 상대의 의도를 파악하고, 숨겨진 위기나 기회를 찾아내는 데 매우 유용하다.

현상 너머의 의도 파악

싸움을 거는 것은 유인하려는 것이다 : 경쟁자가 도발할 때, 그것은 자신의 약점을 숨기려는 의도일 수 있다.
말이 강한 것은 후퇴하려는 것이다 : 상대가 자신만만해 보일수록 실제로는 숨겨진 취약점을 가지고 있을 수 있다.
뇌물이 무겁고 말이 달콤한 것은 유혹하려는 것이다 : 달콤한 제안 뒤에는 숨겨진 함정이 있을 수 있다.

조직의 약점 진단

군대가 어지러운 것은 장수가 신중하지 못하기 때문이다 : 조직의 혼란은 리더의 무능력에서 비롯된다.
자주 상을 주는 것은 재정이 궁색하기 때문이다 : 보상을 남발하는 것은 오히려 조직의 재정적 어려움을 방증한다.
자주 벌하는 것은 곤궁하기 때문이다 : 잦은 징계는 조직의 시스템이 제대로 작동하지 않고 있음을 의미한다.

결론적으로, 제갈량은 진정한 리더는 겉모습에 속지 않고, 모든 현상을 객관적으로 분석하여 그 이면에 숨겨진 진실을 읽어내는 사람이라고 말하고 있다.
제갈량은 말한다.
"형세는 눈으로 보고, 정은 마음으로 읽는다."

'찰정察情'은 단순히 적의 움직임을 파악하는 것이 아니다. 그것은 상대의 감정, 욕망, 두려움, 기대와 같은 보이지 않는 내면의 흐름을 감지하고 그 흐름을 전략으로 바꾸는 리더의 감각이다.
그는 전장에서 적의 침묵 속에 불안을 읽었고, 과도한 공격 속에 조급함을 보았으며, 후퇴 속에 숨겨진 유인을 간파했다. 제갈량에게 싸움은 칼과 창의 문제가 아니라 사람의 마음을 읽는 싸움이었다.

오늘날의 삶에서도, 우리는 수많은 관계 속에서 상대의 말보다 마음을 읽어야 할 순간을 마주한다. 그 마음을 읽을 수 있을 때, 갈등은 줄어들고, 협력은 깊어지며, 리더의 결정은 더욱 정교해진다.
진정한 전략가는 상황을 보는 자가 아니라 사람을 읽는 자라고 제갈량은 말하고 있다.

'찰정'은 리더의 감수성이며, 조직과 관계 속에서 신뢰를 쌓고 흐름을 설계하는 가장 인간적인 기술이다.

나의 워크시트
나의 '찰정察情' 능력은?

제갈량의 가르침을 통해, 우리는 겉으로 보이는 현상 너머의 진실을 읽는 지혜를 배웠다. 이제 이 지혜를 우리 삶에 적용해 볼 시간이다.

생각해 보기

- 당신이 속한 팀이나 조직의 '깃발'이 흔들리고 있는가? '관리자'가 화를 내는 것은 무엇 때문이라고 생각하는가?
- 당신이 최근에 겪었던 갈등이나 논쟁에서 상대방의 어떤 행동이 '겉모습'이고, 그 이면에 숨겨진 '진실'은 무엇이었다고 생각하는가?
- 당신은 다른 사람의 말을 들을 때, 단순히 내용만을 듣는가, 아니면 그 사람이 말하는 '의도'와 '맥락'까지 파악하려고 노력하는가?

실천 과제

- 이번 주 동안 당신의 팀원이나 주변 동료의 행동을 한 가지 관찰하고, 그 행동의 '숨겨진 의미'를 추론해 보자. (예: 말이 많아진 동료는 불안함을 느끼고 있을 수 있다 등.)
- 당신이 리더 역할을 맡고 있다면, 당신의 행동이 팀원들에게 어떤 '숨겨진 메시지'를 전달하고 있는지 스스로 점검해 보자. (예: 너무 자주 칭찬하는 것은 팀원들에게 "나에게 뭔가 원하는 것인가?" 라는 의문을 줄 수 있다 등.)

將情 장정
리더의 진심과 희생

夫爲將之道 軍井未汲 將不言渴.
부위장지도 군정미급 장불언갈.

軍食未熟 將不言飢.
군사미숙 장불언기.

軍火未燃 將不言寒.
군화미연 장불언한.

軍幕未施 將不言困.
군막미시 장불언곤.

夏不操扇, 冬不服裘, 雨不張盖 與衆同也.
하불조선, 동불복구, 우부장개 여중동야.

"무릇 장군의 도리는,
군사의 우물에서 물을 긷지 못했으면
장군은 목마르다고 말하지 않는다.
군사의 밥이 익지 않았으면 장군은 배고프다고 말하지 않는다.
군사의 불이 피워지지 않았으면 장군은 춥다고 말하지 않는다.
군막을 치지 못했으면 장군은 곤하다고 말하지 않는다.

여름에는 부채를 잡지 않고, 겨울에는 털옷을 입지 않으며,

비가 와도 우산을 펴지 않아 뭇사람과 함께한다."

현대적 의미
솔선수범과 동고동락의 리더십

제갈량은 이 장에서 리더의 진심과 희생 이 조직원들의 마음을 얻는 가장 강력한 힘이라고 강조한다. 그는 리더가 자신의 안위를 먼저 생각하는 대신, 팀원들의 고통을 먼저 살피고 함께하는 동고동락同苦同樂의 태도를 보여야 한다고 말한다. 이는 어떤 강압적인 명령보다 강력한 리더십을 발휘하는 원천이 된다.

말이 아닌 행동으로 보여주는 공감 : 리더가 "목마르지 않다", "배고프지 않다"고 말하는 것은 단순히 허세가 아니다. 이는 팀원들의 어려움을 먼저 헤아리고, 그들이 편안해질 때까지 자신의 고통을 내색하지 않겠다는 진심을 담은 약속이다.

특권을 내려놓는 겸손 : "여름에 부채를 잡지 않고, 겨울에 털옷을 입지 않는다"는 것은 리더가 자신의 특권을 내려놓고 팀원들과 같은 조건에서 일하는 것을 의미한다. 이러한 겸손한 태도는 팀원들에게 신뢰와 존경을 얻게 한다.

헌신이 헌신을 부른다 : 리더가 기꺼이 자신을 희생할 때, 팀원들은 그 진심에 감동하여 자발적으로 헌신하게 된다. 이는 단순히 상벌

로 움직이는 관계를 넘어, 마음과 마음이 통하는 끈끈한 공동체를 만든다.

결론적으로, 제갈량은 진정한 리더는 자신을 특별한 존재로 여기지 않고, 팀원들과 같은 눈높이에서 고통을 함께 나누는 사람이라고 말하고 있다.
제갈량은 말한다.
"장수는 먼저 고통을 견디고, 뒤에 명령을 내린다."

'장정將情'은 리더가 감정을 드러내는 것이 아니라 진심을 행동으로 보여주는 태도다. 그는 병사들과 함께 먹고 자며, 추위와 더위를 함께 견디고, 자신의 안위보다 백성과 나라의 안정을 먼저 생각했다. 그 진심은 병사들의 마음을 움직였고, 그 희생은 조직의 중심을 단단하게 만들었다. 제갈량에게 리더십은 권위가 아니라 책임과 헌신으로 쌓아 올리는 신뢰였다.

오늘날의 조직에서도 리더는 말보다 행동으로 사람의 마음을 얻어야 한다. 진심은 보여야 하고, 희생은 느껴져야 한다.
제갈량은 말한다. "진정한 리더는 앞장서서 고통을 감내하고, 그 고통 속에서 사람과 뜻을 함께하는 자."라고.

'장정'은 리더의 품격이며, 조직과 공동체를 하나로 묶는 가장 강력한 힘이다.

나의 워크시트
나는 '장정將情'의 마음을 가지고 있는가?

    제갈량의 가르침을 통해, 우리는 진심과 희생이 통솔력의 본질임을 배웠다. 이제 이 지혜를 우리 삶에 적용해 볼 시간이다.

생각해 보기

- 당신이 리더라면, 당신의 팀원들이 모두 퇴근하기 전까지 자리를 지키거나 가장 힘든 업무를 먼저 자처하는 솔선수범의 모습을 보이는가?
- 당신은 팀원들의 어려움에 대해 얼마나 깊이 공감하고 있는가? 혹시 그들의 고충을 단순히 '불만'이라고 치부하고 있지는 않았는가?
- '함께한다'는 마음으로 당신의 팀원들과 함께할 수 있는 가장 작은 행동은 무엇일까?

실천 과제

- 이번 주 안에 당신의 팀원 한 명에게 '고마움'과 '미안함'을 솔직하게 표현해 보자. 그들의 희생 덕분에 당신이 얻은 이점이

있다면 그것을 구체적으로 언급해 주는 것도 좋다.
- 당신이 속한 조직이나 팀의 가장 불편한 점(예: 낡은 장비, 불편한 의자 등)을 하나 찾아내고, 그것을 개선하기 위한 노력을 한 가지 해보자.

威令 위령
위엄과 명령의 힘

夫一人之身 百萬之衆 束肩歛息, 踵足俯聽 莫敢仰視 法制使然也.
부일인지신 백만지중 속견렴식, 종족부청 막감앙시 법제사연야.

若乃上無刑罰, 下無禮義 雖貴有天下,
약내상무형벌, 하무례의 수귀유천하,

富有四海 而不能自克者 桀紂之類也.
부유사해 이불능자극자 걸주지류야.

夫以匹夫之刑 令之以賞罰 而人不能逆其命者 孫武穰苴之類也.
부이필부지형 영지이상벌 이인불능역기명자 손무 양저지류야.

故 令不經 勢不可逆也.
고 영불경 세불가역야.

"무릇 한 사람의 몸에 백만의 무리가
어깨를 움츠리고 숨을 죽이며 발뒤꿈치를 모으고
고개를 숙여 감히 올려다보지 못하는 것은
법과 제도가 그렇게 만든 것이다.
만약 위로는 형벌이 없고 아래로는 예의가 없다면,
비록 천하를 지배하고 사해의 재산을 가졌더라도

자신을 이기지 못하여 몰락하는 자는

걸왕桀王과 주왕紂王 같은 부류이다.

무릇 일개 필부의 신분으로도 상벌을 시행하여

사람들이 그 명령을 거역하지 못하게 한 자는

손무孫武와 양저穰苴와 같은 부류이다.

그러므로 명령이 엄격하지 않으면 그 세력을 거스를 수 없다."

현대적 의미
존경은 권위에서, 권위는 원칙에서 나온다

제갈량은 이 장에서 리더의 진정한 위엄(威令)은 개인의 권력이나 재산에서 나오는 것이 아니라 명확하고 일관된 법과 원칙에서 비롯된다고 강조한다. 그는 역사적 인물을 예로 들어, 무능한 리더와 유능한 리더를 극명하게 대조하고 있다.

권력과 위엄의 차이 : '백만의 무리가 한 사람을 우러러보지 못하는 것'은 단순히 물리적인 힘 때문이 아니다. 이는 그 리더가 세운 법과 제도의 강력함 때문이다. 리더는 자신의 명령이 모두에게 이해될 수 있도록 공정하고 명확한 원칙을 세워야 한다.

독단적 리더의 몰락 : 제갈량은 걸왕과 주왕을 예로 들며, 아무리 큰 권력을 가졌더라도 원칙 없이 마음대로 행동하는 리더는 결국 자신을 통제하지 못해 몰락하게 된다고 경고한다. 이러한 리더는 사람들에게 존경받지 못하고, 두려움의 대상이 될 뿐이다.

원칙을 지키는 리더의 힘 : 반대로 손무와 양저처럼 평범한 신분으로도 엄격한 상벌과 원칙을 지키는 리더는 사람들의 마음을 움직여 그 어떤 명령도 거역하지 못하게 만든다. 이는 진정한 리더의 힘은 지위가 아니라 원칙을 지키는 능력에서 나온다는 것을 보여준다.

결론적으로, 제갈량은 리더가 자신의 명령에 대한 신뢰를 구축하려면 먼저 스스로가 원칙과 규율을 엄격하게 지키고, 공정하고 명확한 시스템을 만들어야 한다고 말하고 있다.

제갈량은 말한다.

"명령은 흔들림 없어야 하고, 위엄은 두려움이 아닌 신뢰에서 나와야 한다."

'위령威令'은 리더가 조직을 이끄는 가장 기본적인 힘이다. 하지만 그것은 억압이나 강압이 아니라 명확한 기준과 일관된 태도, 그리고 책임을 다하는 모습에서 비롯되는 존경의 힘이다.

그는 병사들에게 명령을 내릴 때 먼저 자신이 그 기준을 지켰고, 위엄을 세울 때는 두려움이 아닌 신뢰로 다가갔다. 제갈량에게 위령은 리더의 외형이 아니라 내면의 단단함과 실천의 일관성이었다.

오늘날의 조직에서도, 리더의 말은 단순한 지시가 아니라 방향이 되어야 한다. 그 말이 흔들리지 않기 위해선 리더의 행동이 먼저 흔들리지 않아야 하며, 그 위엄은 사람들의 마음을 묶는 중심이 되어야 한다.

제갈량은 말한다. 진정한 리더는 말로 움직이는 것이 아니라 말에 책임을 지는 자라고.
'위령'은 리더의 품격이며, 조직을 안정시키고 사람을 따르게 만드는 가장 근본적인 힘이다.

나의 워크시트
나의 '위령威令'은 무엇인가?

제갈량의 가르침을 통해, 우리는 리더의 위엄이 원칙과 법에서 비롯됨을 배웠다. 이제 이 지혜를 우리 삶에 적용해 볼 시간이다.

생각해 보기

- 당신이 리더라면, 팀원들이 당신의 명령을 기꺼이 따르는 이유는 무엇이라고 생각하는가? 당신의 지위 때문인가, 아니면 당신이 세운 원칙 때문인가?
- 당신이 속한 조직에서 '걸왕이나 주왕'처럼 행동하여 실패한 사례가 있는가? 그들의 어떤 행동이 조직에 부정적인 영향을 미쳤는가?

- 당신의 삶에서 '손무나 양저'처럼 원칙을 지켜서 성공을 거둔 경험이 있는가?

실천 과제

- 이번 주 안에 당신의 팀이나 조직에서 가장 불명확한 규칙이나 원칙 하나를 찾아내고, 그것을 명확히 하고자 하는 노력을 시작해 보자. (예: 회의 시간을 지키기 위한 규칙 제정하기 등.)
- 당신이 스스로 '원칙을 지키는 리더'가 되기 위해 가장 먼저 실천할 수 있는 작은 행동을 하나 정해보자. 그리고 그것을 일주일 동안 꾸준히 실천해 보자.

| 에필로그 |

 지금까지 총 46개의 장을 통해 제갈량의 지혜를 살펴보았습니다. 그의 가르침은 단순히 군사적인 전략에 그치지 않고, 인간의 본질과 통솔력의 근간을 꿰뚫는 깊은 통찰을 담고 있음을 보았을 것입니다. 권위(兵機)를 세우는 것부터 시작해 사람을 알아보는(知人) 지혜, 강함과 부드러움(將剛)의 조화, 그리고 승리와 패배의 징조(勝敗)를 읽는 법까지, 그의 가르침은 모두 '사람의 마음'으로 귀결되었습니다.

 현대사회는 2000년 전 삼국시대보다 훨씬 더 복잡하고 빠르게 변화합니다. 그러나 그 핵심은 변하지 않았습니다. 기술이 아무리 발전하고 환경이 급변하더라도, 결국 조직을 움직이고 성과를 만들어내는 것은 '사람'입니다. 팀원들이 리더를 신뢰하고, 서로 협력하며, 하나의 목표를 향해 기꺼이 헌신할 때, 비로소 진정한 성공을 거둘 수 있습니다.

제갈량은 위대한 전략가였지만, 그 이면에는 사람의 마음을 얻는 데 탁월했던 따뜻한 리더의 모습을 가지고 있었습니다. 팀원들의 고통을 먼저 살피고(將情), 모든 사람의 의견에 귀 기울이며(三賓), 자신의 잘못을 인정하고(將弊), 솔선수범(將情)하는 그의 모습은, 오늘날에도 변치 않는 리더의 이상적인 모습을 보여줍니다.

이 책을 통해 얻은 지혜를 이제 당신의 삶에 적용해 보세요. 당신이 속한 조직에서, 그리고 당신의 인생이라는 전장에서, 제갈량의 가르침이 흔들리지 않는 나침반이 되어주기를 바랍니다.

당신의 삶에서 제갈량의 가르침 중 가장 큰 울림을 주었던 것은 무엇인가요?

제갈량 심서

지은이	박찬근
발행일	2025년 10월 30일 초판 1쇄
펴낸이	양근모
펴낸곳	도서출판 청년정신
출판등록	1997년 12월 29일 제 10-1531호
주 소	경기도 파주시 경의로 1068, 602호
전 화	031) 957-1313 팩스 031) 624-6928
이메일	pricker@empas.com

ISBN   978-89-5861-255-1   (03150)

- 이 책은 저작권법에 의해 보호를 받는 저작물입니다.
- 이 책의 내용의 전부 또는 일부를 이용하시려면 반드시 저작권자와 도서출판 청년정신의 서면동의를 받아야 합니다.